# 벌거벗은
# 동물사

이 책은 2024년도 포스텍 융합문명연구원의 지원을 받아 출간되었습니다.
This book published here was supported by the POSTECH Research Institute for Convergence Civilization (RICC) in 2024.

# 벌거벗은 동물사

## 동물을 사랑하고 혐오하는 현대인의 탄생

이종식 지음

동아시아

지금의 저를 존재하게 해준 강아지 동생 그린이와 다솜이,

어머니 양현혜 선생님과 아내 예원,

그리고 저희에게 아낌없는 사랑을 베풀어 주신

선친 故 이규태 선생님께 바칩니다.

들어가며

# '동물사'의 세계로 초대합니다

## 동물을 사랑하는 '당연한' 마음에 관해

한국은 다양한 동물이 살아가기에 괜찮은 보금자리일까요? 2020년 인구주택총조사에 따르면, 대한민국에는 반려동물을 키우는 집이 약 310만 가구나 됩니다. 이는 전체 가구의 15% 정도라고 합니다.[1] 농림축산식품부 동물보호국민의식조사에 따르면, 2020년을 기준으로 우리나라에는 반려견 약 600만 마리, 반려묘 약 250만 마리가 살고 있는 것으로 추정됩니다.[2] 이러한 사회적 현실은 법에도 반영되어 있습니다. 우리나라는 1991년 처음으로 제정된 '동물보호법'을 2023년까지 여러 차례 개정하며 점차 동물 보호와 복지의 범위를 넓히고 그 정도를 강화해 오고 있습니다. 여기서 '동물보호법'의 취지를 명시한 제1조의 조문을 함께 살펴보고 넘어가 보겠습니다. "이 법은 동물의 생명 보호, 안전 보장 및 복지 증진을 꾀하고 건전하고 책임 있는 사육 문화를 조성함으로써, 생명 존중의 국민 정서를 기르고 사람과 동물의 조화로운 공존에 이바지함을 목적으로 한다."[3]

동물의 안녕을 위해 최전선에서 분투하는 수의사가 2020년 현재 우리나라에 2만 명 이상 활동합니다.[4] 참고로 2021년을 기준으로 사람을 치료하는 국내 의사의 수는 11만 명 정도라고 합니다. 앞에서 살펴본 반려동물을 키우는 가정의 수나 반려동물의 개체 수 관련 통계를 감안할 때, 수의사의 숫자가 과연 충분한지는 사람마다 의견이 다를 수 있지만, 수의 전문가의 규모나 동물 의료 인프라가 절대적으로 부족하거나 열악한 상황은 아닙니다. 게다가 동물권animal rights이라는 개념도 일상적으로 널리 사용되고 있으며, 유기견과 식용견 구조 활동을 중심으로 다양한 동물 보호 단체의 활동도 사회적으로 더욱 가시화되고 있습니다. 공중파 TV에서 시청자들의 열렬한 인기를 얻은 동물 관련 프로그램 제목도 여럿 말할 수 있는 독자분들이 있을 것입니다. 동물들이 살아가기에 한국은 아직 완벽한 공동체는 아닐 수 있지만, 그럭저럭 인간 구성원들이 한마음 한뜻으로 동물을 '보호'하고 아껴주기로 합의한, 그래도 희망이 있는 나라인 듯 보입니다.

그런데 정말 그럴까요? 반려동물을 사랑하고 보호하자는 주장만큼 '해롭지 않은' 당위는 오늘날 한국 사회에 많지 않은 것 같습니다. 젠더 평등을 제고하자든지, 이주민과 난민을 차별 없이 수용하자든지 하는 다른 종류의 당위와 비교해 보아도 동물 관련 이슈는 확실히 탈정치적apolitical으로 들립니다. 그러나 오히려 해롭지 않고 정치적이지 않기 때문에 이 당위를 믿는 사람들에게 더 강한 확신을 줍니다. 이 당위에 동의하지 않거나 적어도 약간의 온도 차를 느끼는 사람들을 배제하는 효과를 낳을 수 있습니다. 반려동물을 사랑하고 보호하는 데 어떤 이유에서든 반대하거나 미적지근한 사람들, 나아가 반려동물을 유기하고 학대하는 사람들은 사랑의 본능을 상실한 '인간 실격'의 존재처럼 보이기까지 합니다. '우리'는 이 사람들을 법적·윤리적으로 지탄하고 처벌받게 만들 수 있겠지만, 과연 이것만으로 '그들'이 개과천선해 궁극적으로 '우리'처럼 동물 애호의 당위를 공유하게 될까요? 아마도 아닐 것입니다. 그런 의미에서 반려동물을 사랑하고 보호하자는 현재 우리 사회의 당위와 담론은 무언가 충분치 않습니다.

사랑과 보호의 대상을 반려동물에서 다른 동물들로 확대해 보면 상황은 더 비관적입니다. 동물을 분류하는 여러 방법이 있지만, 수의사들은 일상적으로 소小동물과 대大동물로 구분합니다. 도시의 강아지나 고양이가 전자에, 농촌의 황소나 돼지는 후자에 속합니다. 조금 더 기능적인 분류법도 있습니다. 반려동물, 산업동물, 실험동물 등이 그것입니다. 참고로 산업동물의 '산업'이란 축산업과 낙농업을 가리킵니다. 고기가 되기 위해, 우유와 기타 유제품을 생산하기 위해 살아가는 동물입니다. 실험동물은 말 그대로 과학, 기술, 의학 발전이라는 대의를 위해 안타깝지만 희생되어야 하는 동물입니다. 과연 우리나라 대한민국은 반려동물뿐 아니라 산업동물과 실험동물이 살아가기에도 '괜찮은' 보금자리일까요? 이러한 동물까지도 사랑하고 보호하자는 의견에 많은 국민이 동의해 줄까요? 동물 애호, 동물 복지, 동물권을 주장하는 '당연함'은 어디까지 당연할까요? 나아가 동물을 사랑하는 마음 자체가 인간의 본능에 해당하는 '당연한 마음'일까요? 독자분들이 이러한 질문들에 각자 나름의 답을 찾아가는 데 도움이 되었으면 하는 마음으로 이 책을 쓰게 되었습니다.

## 동물사의 세계

'당연함'이 당연하지 않을 때가 꽤 많습니다. 오늘날 한국 사회 안팎에서 일반적으로 논의되는 동물 애호라는 담론과 당위에는 부족한 점이 없지 않습니다. 다른 모든 영역이나 대상에도 적용될 수 있습니다만, 우리 눈에 쓰인 '당연함'의 콩깍지가 벗겨지고 대의와 명분의 설득력을 끌어올릴 필요성이 감지될 때, 우리가 할 수 있는 실용적인 대응 가운데 하나는 해당 문제를 바라보는 시간의 축을 늘리고 공간의 범위를 넓히는 것입니다. 소위 레퍼런스를 늘리는 것입니다. 예컨대, 2020년대 한국이라는 공통의 보금자리에서 인간이라는 동물과 다양한 비인간 동물nonhuman animals이 함께 더 잘 살아갈 수 있게 하는 인식과 실천을 상상하기 위해, 우리는 수백 년 전 과거를, 한반도 바깥의 다양한 나라와 민족의 경험을 살펴볼 필요가 있는 것입니다.

하나의 문제에 대해 시축時軸과 지도를 폭넓게 살펴보는 일, 다시 말해 다양한 시공간을 유연하게 검토하는 일은 곧 역사를 수행하는do history 일이기도 합니다. 혹은 어떤 주제를 역사화하는historicize 시도라고도 표현할 수 있습니다. 이러한 행위의 유용성을 '우물 안의 개구리'에 빗대어 설명할 수 있습니다. 21세기 한국이라는 '지금, 여기'는 우리의 '우물'입니다. 이 우물 안에서 동물을 더 잘 사랑하고 보호할 비전을 '우물 밖'에서 찾아보자는 것이 이 책의 요지입니다. 저는 독자 여러분을 주로 18~20세기 영국 런던, 프랑스 파리, 미국 뉴욕으로, 경우에 따라서는 19세기 독일, 아프리카, 아프가니스탄, 중국 상하이로 인도할 것입니다. '우물 밖'에서 사람들은 다양한 동물과 역사적으로 어떤 관계를 맺었을까요? 이러한 질문에 답을 제공하는 것이 바로 '동물사animal history'입니다.

동물사라는 말이 다소 생소하게 들릴지도 모르겠습니다. 동물사는 영미권 학계를 중심으로 최근 15년 동안 급속하게 발전하고 있는 역사학계의 하위 분야입니다. 미국 동물사학자 수전

낸스Susan Nance는 동물사를 다음과 같이 정의합니다. "동물사는 방법론적으로도 정치적으로도 도전적인 역사학 연구의 일종으로, 지구 위의 여러 다른 종에게 일어난 과거에 대해 인간이 알 수 있는 바what is knowable의 한계를 초월하지 않으면서 최대한의 근사치에 접근하려는 시도다."[5]

동물은 인간의 말을 하지 못합니다. 과거의 죽은 동물은 더더욱 말이 없습니다. 따라서 인간 역사학자는 종의 경계를 초월해 '지금, 여기'의 한계를 넘어 동물의 기쁨, 슬픔, 고통, 사랑, 분노를 온전히 재현할 수 없습니다. 동물사는 동물이 주인공인 소설과는 달라야 하기 때문입니다. 그래서 "방법론적으로 도전적"입니다. 그럼에도 일부 역사학자들은 지금까지 호모 사피엔스를 중심으로 이해해 왔던 세계사의 이면에 숱한 동물들이 존재했음을 뒤늦게나마 인정하고 주목하기 시작했고, 그들에게 어떤 일이 벌어졌는지, 그러한 사태를 만들어 낸 인간의 결정, 행위, 책임은 무엇이었는지, 그 "최대한의 근사치"를 규명하려 하고 있습니다. 이는 역사적인 인간-동물 관계의 명암明暗을 따져보는 일입니다. 주로 과거의 인간에게 정치적·윤리적 책임을 묻고, 현재와 미래의 인간에게 같은 과오를 반복하지 말자는 제안을 건네는 일입니다. 그러므로 "정치적으로도 도전적"입니다.

이어질 지면에서는 도시를 중심으로 형성된 현대 유럽 문명의 발전과 전 지구적 확산이라는 역사의 추세가 강아지, 말, 젖소, 쥐, 낙타, 물개, 사자, 당나귀, 닭 등 다양한 동물에게 어떤 영향을 미쳤는지 소개하려 합니다. 단적으로 말씀드리자면, 이 역사적 변화 과정은 동물들에게 결코 마냥 친절한 것은 아니었습니다. 인간들은 선택적으로 동물들을 사랑하고 혐오했으며 살리고 죽였습니다. 이러한 다채로운 역사를 알고 있을 때 우리는 우리 곁의 동물들을 더 잘 사랑하고 더 굳건히 책임질 수 있을 것이라는 말씀을 감히 드리며, 어떤 이유로 어떤 동물을 깊이 사랑하고 있을 여러분을 지금부터 동물사의 세계로 초대합니다.

## 차례

# 1부

# 도시의 강아지들

# 1장

*

# 도시 강아지 잔혹사

개Canis lupus familiaris는 여러 동물 가운데 특히 호모사피엔스의 사랑을 받는 존재입니다. 개는 인간에 의해 최초로 길들여진 동물로도 알려져 있습니다. 약 1만 5,000년 전(혹자는 약 3만 년 전이라고도 합니다)에 일어난 일이었다고 합니다.[6] 그 후 개는 동서고금의 역사 속에서 수렵견, 경비견, 목축견, 식용견 그리고 무엇보다 반려견의 역할을 수행하며 인류 곁을 지켜왔습니다. 개가 인간에게 보여준 충성과 헌신을 생각하면, 인간이 그에 대한 보답으로 개에게 아낌없는 사랑을 주는 것이 지극히 당연한 일처럼 보입니다. 특히 오늘날 한국인이 직접적으로 경험하는 개는 대부분 반려견이라는 점을 감안할 때, 이 귀엽기도 하고 늠름하기도 한 생명체를 사랑하는 일은 실로 본능에 가깝다고 할 수 있습니다.

그러나 다른 한편으로는 우리 주변에 개를 두려워하고 심지어 혐오하는 사람도 있습니다. 인정하고 싶지 않지만 말입니다. 우리는 누군가가 개를 학대하거나 사랑으로 돌보지 않고 방치해 사달을 냈다는 언론 보도를 심심치 않게 접하고 있습니다. 여전히 사람의 눈에 잘 띄지 않는 으슥한 산골 어딘가에 개 농장이나 개 식육 식당이 성업 중이라는 사실을 어렵지 않게 확인할 수 있습니다.[7] 한 해 수만 마리씩 전국의 거리로 내몰린다는 유기견의 전 주인은 또 어떤가요? 어떻게 개에게 인간이 이럴 수 있는지 개탄스러울 수도 있습니다. 강아지를 사랑하는 마음이 인간 본성에 내제되어 있다면, 이러한 사람들은 인간이기를 포기한 것일까요? 이 책을 읽고 있는 여러분은 아마도 이해할 수 없고 이해하고 싶지 않은 인간들이 세상에는 너무나 많다고 생각할지도 모르겠습니다.

지금부터 이 문제가 단지 우리나라만의 문제가 아닌, 적어도 18세기 유럽으로까지 거슬러 올라갈 수 있는 문제라는 점을 이야기해 보려 합니다. 이는 굳이 개를 혐오하는 사람들을 옹호하기 위함이 아닙니다. 오히려 강아지를 좋아하고 미워하는 인간의 마음을 역사적으로 더 잘 이해하려는 노력에 가깝습니다. 다시 말해, 개를 대하는 사람들의 감정사history of emotion를 성찰함으로써 개와 인간이 더 잘 공존할 수 있는 미래를 조금은 더 냉철하게 상상해 보자는 시도인 것입니다.

## 도시화와 개

인류의 역사에서 개에 대한 인간의 감정이 유독 특별한 것으로 떠오르게 된 배경 가운데 하나로 근대적 도시화라는 사회적 변화를 빼놓기는 어려울 것 같습니다. 이른바 전근대 시대에는 동서양을 막론하고 인류의 대부분이 농촌에서 살아갔습니다. 농민들에게 개는 그리 특별한 존재는 아니었을 것입니다. 농촌의 삶을 지탱하는 데 소, 돼지, 말, 나귀, 닭, 오리 등이 더 중요한 동물들이었을 것이고요. 그런데 근대적 도시화라는 역사적 과정을 거치며 농촌에 산재되어 있던 인구가 특정한 좁은 구역으로 밀집해 들어왔습니다. 이들의 주요 생계 수단은 더 이상 농업이 아니라 공업이나 서비스업이었습니다. 따라서 교통수단으로서 어느 정도 유용성을 지닌 말은 물론이고, 농경 사회의 전통적인 대大동물 가축들은 모두 도시 공간 밖으로 서서히 퇴출되었습니다. 말, 소, 돼지가 인간 바로 곁에서 좁아터진 도심 공간을 점유할 이유가 점차 사라져갔던 것입니다(이는 2부의 주요 주제입니다). 반면, 소小동물로서 농촌 경제에도 도시 경제에도 그리 존재감이 크지 않았던 개들은 역설적으로 도시의 중심가에 남겨졌습니다. 굳이 누가 애써 쫓아내려고 건드리지 않았던 것입니다. 이렇게 개는 쥐나 파리 따위의 작은 '유해' 동물과 더불어 근대적 도시의 경관을 이루는 주요 비인간 구성원으로 거듭날 수 있었습니다.

개들이 도시화 역사의 초기에 도심 공간을 점유하도록 허용되거나 방치되었다는 점을 이야기했습니다. 그러면 도시화가 심화되면서 개들에게는 어떤 일들이 벌어졌을까요? 이 문제를 알아보기 위해 지금부터 근대 도시의 원형을 이루었다고 여겨지는 영국의 런던, 프랑스의 파리, 미국의 뉴욕과 같은 도시들의 사례를 살펴보고자 합니다.

그런데 먼저 우리가 지금 이야기할 대상을 조금 더 명확히 할 필요가 있을 것 같습니다. 근대적 도시의 탄생 이후에 도시의 거리에서 살아가는 이 개들을 떠돌이 강아지, 즉 '배회견stray dogs'이라고 부를 수 있습니다. 이들은 길거리보다는 소수의 유복한 도시민 주택 내부에서 살았던 특별한 강아지, 즉 '애완견pets'과는 생물학적으로 동종이었지만 동일한 사회적 삶을 살지는 못했습니다. 마치 19세기에, 심지어 20세기에도 동일한 호모사피엔스

**〈그림 1〉 19세기 뉴욕의 배회견(1877).**

임에도 백인과 흑인이 인간으로서의 지위를 동등하게 누리지 못했던 것과 비슷합니다. 그리고 주인으로부터 버려진 반려견이라는 의미의 '유기견abandoned dogs'과도 배회견은 다릅니다. 배회견은 애초에 인간 주인을 모신 적이 없는 거리의 개들까지도 포함하는 개념이니까요.

개를 사랑하고 증오하는 마음을 역사적으로 이해하는 데 관건은 배회견입니다. 중세 귀족의 궁정 문화로부터 시작되어 18~19세기를 거치며 근대 도시 중산층의 집 안으로까지 서서히 생활 범위를 넓혀갔던 애완견들은 어떤 의미에서 가족의 일원으로서 사랑받기 위해 태어난 존재였습니다. 따라서 사적이고 가정적인 영역 밖을 넘어 도시의 공적 공간에서 사회적 감정과 논란을 불러일으킬 소지가 크지 않았습니다(애완견의 역사적 계보에 관해서는 4장에서 더 자세히 다루겠습니다). 초창기 근대적 도시민의 관점에서 문제는 아무도 초대하지 않았고 아무도 '우리 도시'의 구성원으로 받아들인 적이 없었지만, 도시의 거리를 활개치고 다니는 배회견이었습니다. 바로 이 배회견이라는 존재를 혐오하고 제거하는 것이 '자연스러운' 것인지, 혹은 보호하고 돌보는 것이 '자연스러운' 것인지를 둘러싸고 런던, 파리, 뉴욕의 시민들이 펼쳤던 사회적 논의와 행동을 검토하는 것은 오늘날 우리 각자가 막연히 동물에 대해 품고 있던 어떤 '당연한 마음'을 반성적으로 되돌아보는 데 도움이 될 것입니다.

## 배회견을 처리하는 '자연스러움'

벌써 눈치챈 독자분들도 있겠지만, 19세기 런던, 파리, 뉴욕에서 살았던 다수의 시민이 더 자연스럽다고 여겼던 감정은 배회견을 싫어하고, 쫓아내고, 필요하다면 죽여야 한다는 마음이었습니다. 다음 장에서 조금 더 자세히 살펴보겠지만, 사람들은 배회견을 혐오하는 마음을 정당화하기 위해 도시 미관상 보기에 좋지 않다거나 행인에게 위협이 된다는 이해할 만한 이유를 내세웠습니다. 그러나 더 본질적인 원인은 그 시절 도시라는 공간의 무질서함과 익명성이 주는 원초적 불안감이었습니다. 이촌향도 이전과 다르게, 불특정 다수가 한정된 도심 지역에 밀도 높게 모여 살아야 하는 도시의 삭막한 삶을 시민들은 어떻게든 견뎌내야 했습니다. 아마도 이들은 눈에 거슬리는 배회견이라도 사라져 준

다면, 녹록지 않은 자신들의 도시 생활이 조금은 더 나아지리라 기대했을지도 모릅니다.[8]

꽤 많은 수의 시민이 배회견을 '박멸'해야 한다고 생각한 만큼, 도시의 공권력도 이를 마다하거나 거부하지 않았습니다. 1811년 뉴욕시는 배회견 살해를 합법화했고, 이 법을 근거로 당시 뉴욕시 경찰서장 애브너 커티스Abner Curtis는 그해 여름에만 2,610마리의 배회견을 거리낌 없이 죽였습니다. 1845년 파리 경찰 당국도 유사한 조치를 취했습니다. 모든 배회견, 특히 인간에게 공격성을 드러내는 불도그에 대해 살처분을 진행할 수 있는 행정적 여건을 마련했습니다. 런던에서는 1830년대에 배회견 사살을 장려하지도 금지하지도 않은 채 배회견이 특별히 따르는 것처럼 보이는 인간 노숙자에게 벌금을 부과하는 간접적인 방식으로 인간 불청객과 비인간 불청객 모두를 몰아내려 했습니다. 그러나 세 도시에서 배회견의 개체 수는 19세기 내내 좀처럼 줄어들지 않았습니다.

19세기 전반 런던, 파리, 뉴욕의 공공장소는 배회견이 언제든 죽임을 당할 수 있는 곳이었습니다. 주로 유니폼을 입은 일종의 공무원들이 합법적으로 살상 행위를 벌였습니다. 이러한 관행이 수십 년간 지속되자 배회견을 통제해야 한다는 목표에는 동의하지만 적나라한 폭력을 통한 방식에는 반감을 표하는 시민들이 점차 목소리를 내기 시작했습니다.

가장 먼저 반응한 도시는 파리였습니다. 1850년 프랑스는 그라몽법Grammont Law을 제정해 동물에 대한 공공연한 폭력에 제동을 걸었습니다. 이에 따라 배회견 살처분 역시 보통 시민들의 눈에 띄지 않도록 도시 외곽에 위치한 시영市營 구금소fourrière에서만 집행되었습니다. 시기에 따라 조금씩 차이가 났지만, 19세기 후반 파리의 경찰관들은 대체로 배회견 한 마리를 이러한 구금소로 끌고 갈 때마다 약 2프랑의 보너스를 받았습니다. 요컨대, 배회견이 여전히 처리되어야 하는 존재라는 점에는 변함이 없었습니다. 다만 도시 문화의 '성숙'과 더불어 강아지 살해라는 불편한 장면도 시민의 시야 바깥으로 퇴출되어야 했던 것입니다.

## 배회견을 사랑하자는 '부자연스러움'

19세기 중엽 파리뿐만 아니라 런던과 뉴욕에도 눈에 띄지 않게 배회견을 죽이기 위한 구금소들이 우후죽순 생겨났습니다. 이는 배회견도 싫고 그들을 잔인하게 죽이는 장면을 보기도 싫었던 서양의 대표적인 세 도시의 시민들이 가진 '자연스러운' 마음으로부터 비롯된 것이었습니다. 그런데 역사에는 언제나 다수의 당연함을 당연시하지 않는 소수가 존재하기 마련입니다. 런던의 메리 틸비Mary Tealby, 1801~1865가 바로 그런 사람이었습니다.

틸비는 1860년 10월 런던 북부 홀링스워스가Hollingsworth Street에 '길 잃고 굶주린 개들을 위한 임시 거처The Temporary Home for Lost and Starving Dogs'라는 시설을 열었습니다. 이 시설은 "종과 상태"를 막론하고 "집이 없는 모든 개를 위한 피난처asylum for every homeless dog"임을 야심만만하게 자처했습니다. 틸비의 '임시 거처'는 1871년 런던 서남부 배터시Battersea구로 확장 이전하며, '배터시 개 보호소Battersea Dogs Home'로 이름을 바꾸었습니다. 배터시 보호소는 영국에서 가장 오래되고 가장 널리 알려진 동물 보호 센터로 오늘날에도 운영되고 있습니다.[9]

틸비는 길을 잃거나 유기된 강아지가 주인을 다시 만날 때까지 이곳에서 지낼 수 있으며, 나아가 배회견도 차별 없이 보호받을 수 있다고 자신 있게 주장했습니다. 런던이 배회견을 아

〈그림 2〉 '길 잃고 굶주린 개들을 위한 임시 거처' 홍보 포스터(1901).

무 거리낌 없이 죽일 수 있는 공간이라는 점에 불편함을 느낀 일부 시민들이 틸비의 노력에 호응하기 시작했습니다. 모든 강아지를 사랑해야 한다고 생각했던 소수의 "애견가들dog lovers"은 '길 잃고 굶주린 개들을 위한 임시 거처'가 "평등과 우애quality and fraternity"의 정신이 돋보이는 강아지들의 "임시 천국"과 다름없다며 지지와 후원을 아끼지 않았습니다. 그러나 다수의 런던 시민의 눈에는 이러한 행보가 지극히 '부자연스러운' 것으로 보인 모양입니다. 《타임스The Times》는 틸비와 지지자들을 향해 "멀쩡한 정신 상태가 아닌 것" 아니냐는 사설을 발표했습니다.[10] 런던의 일거수일투족을 예의 주시하던 뉴욕의 언론사 《하퍼스 위클리Harper's Weekly》도 '임시 거처'를 두고 "런던 거리에는 굶주린 사람도 가득한 마당에 기독교 자선단체를 어설프게 흉내 낸 것에 불과한 것으로 보인다"라며 비판을 거들었습니다.[11]

주류의 '자연스러움'을 거스르고자 하는 비주류의 '부자연스러움'에는 으레 조롱이 뒤따르기 마련입니다. 그런데 '부자연스러움'을 견지하려는 사람들에게 진정한 시금석은 스스로 초심을 얼마나 굳건하게 견지하는가, 또 자신들이 극복하려는 '자연스러움'을 부지불식간에 답습하지는 않는가에 있을 것입니다. 이러한 기준에서 볼 때, 틸비의 '길 잃고 굶주린 개들을 위한 임시 거처'는 비판받을 여지가 있었습니다. 한때 틸비의 운동에 우호적이었던 해럴드 킹Harold King이라는 인물은 1865년 11월 잡지 《원스 어 위크Once A Week》에 기고한 글을 통해 틸비와 '임시 거처'가 설립 취지와 달리 실제로는 배회견을 차별하고 있다고 완곡하게 비판했습니다. 시설에 수용된 "귀족적으로 잘 육종된 개aristocratic well-bred dog"와 "부르주아 개bourgeois dog"는 무기한 보호를 받으며 주인을 찾거나 판매되는 반면, "가장 급이 낮은 잡종견이나 똥개mongrels and curs of the very lowest degree"는 14일이 경과하면 살처분된다는 것이었습니다.[12] 어느 순간 '임시 거처'가 스스로 비판했던 숱한 기성 구금소와 별반 다를 바 없게 되어버린 것입니다. 이러한 킹의 비판에 대해 '임시 거처'의 한 지지자는 격앙된 반응을 보이며 자신들의 입장을 옹호했습니다. "그래요, 우리 시설에는 병적인 동정을 위한 자리는 없습니다."[13] 결국 틸비를 비롯한 19세기 중후반 애견가들의 연민과 동정은 선택적인 것이었습니다. 150여 년 전만 해도 꾀죄죄한 떠돌이 개를 사랑한다는 마음이나 행동은 이토록 '본능'과는 거리가 멀고도 멀었던 모양입니다.

그런데 이쯤에서 아마도 독자분들은 궁금하실 겁니다. 동물애호가도 쉬이 이겨내지 못할 만큼 강했던 배회견에 대한 미움은 어디서 비롯된 것일까요? 이를 이해하기 위해 다음 장에서는 19세기 파리, 런던, 뉴욕의 상황을 조금 다른 각도에서 살펴보겠습니다.

# 2장

*

# 배회견의 초상

## 광견병

주인 없고 집 없는 떠돌이 개들이 19세기 런던, 파리, 뉴욕의 시민들에게 부정적인 감정을 불러일으킨 가장 중요한 원인은 광견병rabies이었습니다. 우리말로 광견병으로 번역되니 마치 오로지 개만 걸려서 사람에게 옮기는 병처럼 들립니다. 그러나 엄밀히 말하면, 이 질병은 모든 포유류가 감염될 수 있습니다. 또 전 지구적으로 보면, 개보다는 라쿤, 스컹크, 박쥐, 여우, 미어캣 등에게 서 그 원인 바이러스rabies virus를 더 쉽게 확인할 수 있다고 합니다. 그럼에도 유독 '광견狂犬'이 문제가 되었던 것은 이 질병이 집중적으로 가시화되었고 그 공포가 기록된 공간적 배경이 도시였기 때문이라 추정할 수 있습니다. 광견병에 걸린 개나 사람은 패닉, 과도한 흥분, 경련, 극도의 공격성 그리고 무엇보다 물을 무서워하는 증상을 보입니다. 19세기까지 광견병에 걸린 생명체는 결국 거의 예외 없이 사망에 이르렀습니다. 그 유명한 루이 파스퇴르Louis Pasteur, 1822~1895가 최초로 광견병 백신을 개발해 역사에 한 획을 그었던 것이 1885년의 일이었습니다. 반려견을 동네 동물병원에 데려가 대수롭지 않게 광견병 예방주사를 맞히는 21세기 사람들로서는 상상하기 어려울 만큼 그 시절에는 광견병에 대한 공포가 컸습니다.[14]

박테리아나 바이러스 같은 특정한 미생물 병원체 때문에 어떤 질병이 발병한다는 이론을 흔히 세균론 또는 세균설germ theory이라고 부릅니다. 의학사 전문가들은 세균론이 유럽과 북미에서 19세기 후반을 거치며 더디게 주류 패러다임으로 자리 잡아갔다고 평가합니다.[15] 이 말은 곧 지금 우리가 살펴보고 있는 19세기

〈그림 3〉 런던에서 제작된 광견병 관련 포스터(1826).

런던, 파리, 뉴욕의 일반 시민들은 대부분 세균론이라는 첨단 과학 이론과 무관하게 광견병이라는 사회적 현실을 경험한 사람들이었다는 뜻이기도 합니다.

광견병에 대한 대중 담론과 논란에 세균설이 본격적인 영향력을 행사하게 된 것은 20세기 이후의 일입니다. 다시 말해, 극소수의 전문가를 제외한 19세기 사람들 대부분은 광견병의 정확한 원인과 전파 과정을 알지 못했습니다. 그저 외관상 더러워 보이고 어딘가 아파 보이는 거리의 배회견이 광견병과 필시 모종의 관련이 있을 것이라 믿었을 따름입니다. 그리고 이처럼 강력한 감정적 동기로 말미암아 많은 런던, 파리, 뉴욕의 시민들은 배회견을 말 그대로 때려잡는 시 당국의 조치나 구금소 운영을 당연하고 자연스러운 처사로 인식하게 되었습니다.[16]

여러 한계가 없지 않았지만 그래도 배회견을 어느 정도 보호하고 가엾게 여겨야 한다고 생각했던 애견가들은 무엇보다도 이 강아지들이 광견병과 직접적인 관련이 없다는 인식을 전파해야 했습니다. 이들은 거리를 배회하는 것이 건강한 개의 정상적이고 본능적인 행동이라고 규정했습니다. 인간과 마찬가지로 개에게도 자유가 중요하다고 피력했습니다. 거리를 방랑하는 자유로운 개는 정신적으로 건강할 수 있으며, 집에만 갇혀 있는 애완견이 오히려 광견병에 걸릴 확률이 더 높다는 주장도 펼쳤습니다.

1886년 1월 《런던 화보The London Illustrated News》 기사는 이러한 견해를 잘 보여줍니다. "모든 개는 자연적으로 순진무구하게 달리려는 욕망을 품고 있다. … 그 왕성한 호기심과 함께 말이다. 이는 개라는 종이 갖는 특징이다."[17] 그러나 앞서 말한 대로 19세기 런던, 파리, 뉴욕의 시민들 대부분은 배회견과 광견병의 상관관계를 '과학적으로' 판단하지 않았거나 그러지 못했습니다. 배회견을 보호하려는 쪽도 배척하려는 쪽도 광견병에 대한 나름의 해석과 주장을 펼쳤지만, 논의들은 감정적으로 치열해졌고 합의를 향해 가기보다는 공전空轉하는 경우가 많았습니다.

## 육종과 반려

광견병이 배회견에 대한 19세기 서양인들의 부정적인 인식을 확립한 유일무이한 변수는 아니었습니다. 경제적 차원, 다시 말해 일반 시민들 사이에서 배회견에 대한 반감이 커질수록 경제적 이득을 보는 사람들이 존재했다는 점을 짚고 넘어가야 합니다. 대표적으로 전문 육종가들을 꼽을 수 있는데요. 영국애견협회British Kennel Club의 초대 회장을 역임한 스웰리스 E. 셜리Sewallis E. Shirley, 1844~1904 같은 이들은 신중하게 육종된 순종 혈통 강아지들의 상품 가치와 선호도를 높이기 위해 배회견을 적극적으로 악마화했습니다.

혼란스럽고 지저분한 도시의 난맥상을 상징하는 것이 배회견이라면, 육종된 개들은 무질서한 자연에 대한 인간의 통제력과 질서를 표상한다는 이분법이 제시되었습니다. 더욱이 육종가들은 이상화되고 낭만화된 전근대적 농촌 문화라는 요소를 적극적으로 순혈견에게 투영했습니다. 자신들이 판매하는 특정한 품종은 과거 인간을 도와 사냥에 종사했던 충성스러운 개의 후손이라는 식이었습니다. 이처럼 점차 성장하고 전문화되어 갔던 육종업계는 과밀하지만 차가운 도시 생활에 지친 시민들에게 배회견에 대한 거부감을 반성하지 않아도 된다는, 순종 강아지만을 선택적으로 사랑해도 괜찮다는 합리화 논리를 제공했다고도 볼 수 있습니다.[18]

순혈 육종견과 잡종 배회견의 대비는 19세기 중후반 다윈주의Darwinism의 대두와 더불어 한층 더 강화되었습니다. 1859년 찰스 다윈의 『종의 기원』 출간 이후 다윈주의 진화론은 빠르게 여러 사회적 함의를 파생시켰습니다. 때로는 다윈 본인의 생각과 반드시 일치하지 않는 방향으로 퍼져 나가기도 했던 이러한 지적 흐름을 우리는 사회다윈주의Social Darwinism로 통칭하기도 합니다. 대표적으로 생물종에도, 인간 내부에도, 사회와 문화 차원에도 '과학적으로' 증명된 위계가 있으며, 이러한 우열 관계로부터 약육강식을 자명한 진리로 도출하는 사고방식을 꼽을 수 있습니다.

다윈 본인이 이러한 사회다윈주의에 얼마나 책임이 있는가라는 문제는 차치하더라도, 19세기 후반의 서유럽과 북아메리카에는 (인)종의 위계racial hierarchies라는 관념이 상당히 일반화되었다는 점은 사실입니다.[19] 그리고 생물학에서 발원해 사회 이론을 경유한 위아래를 따지는 사고방식은 다시 도시의 개들에게 적용되었습니다. 이제 선택적 교배를 통해 우수하고 순수한 피를 물려받은 육종견은 '우월'하고 '정상적'인 반면, 그렇지 못한 나머지 배회견은 '열등'하고 '비정상적'인 존재라는 구별 짓기가 과학의 이름으로 더 심화된 것입니다. 심지어 육종견은 "문명화되고 반인간화될civilized and half-humanized" 수 있다는 생각까지 제기되었습니다. 역으로 잡종과 혼혈을 통제하지 않으면 런던, 파리, 뉴욕의 개 전체의 '퇴화'를 불러일으킬지도 모른다는 두려움까지 더해졌습니다. 그저 도시의 거리라는 주어진 공간에서 하루하루 살아가던 떠돌이 개들은 정작 다윈이 누구인지, 진화가 무엇인지 관심도 없었을 텐데 여러모로 꽤 억울했을 것 같습니다.

광견병에 걸린 개와 정상적인 개, 육종된 우월한 순종과 열등한 잡종이라는 구분에서 끝나지 않았습니다. 이에 더해 19세기 후반에는 집 안의 애완견과 거리의 배회견 사이에도 더 뚜렷한 문화적 경계선이 그어졌습니다. 애완동물을 뜻하는 '펫pet'이라는 영어 단어는 '작다'를 의미하는 프랑스어 '쁘티petit'에서 기원했다고 알려져 있습니다. 어원을 따져보자면, '펫'은 중세 귀족 여성이 소유한 몸집이 작은 강아지를 지칭하는 개념으로 시작되었다는 것이 역사학계의 중론입니다. '펫'의 이러한 중세적 의미가 18세기와 19세기 전반을 거치며 집 안에 주로 머무르는 개들을 가리키는 개념으로 확대되었습니다. 그리고 19세기 후반에 한 번 더 이 개념은 변화를 겪으며 오늘날 우리에게 익숙한 뜻, 즉 중산층의 도시 생활을 상징하는 하나의 삶의 조건이자 인간에게 사랑과 위로를 제공하는 존재로 자리매김했습니다.

19세기 말 런던, 파리, 뉴욕 시민들에게 애완견이라는 단어는 집 내부, 안정감, 편안함, 사랑, 청결을 연상시킨 반면, 그 반의어인 배회견은 집 외부, 위험, 공격성, 질병, 무질서라는 정서를 불러일으켰습니다. 이러한 정서적 대비는 20세기 초에 이르면 개들의 외모를 통해 더욱 가시화되었습니다. 소비 문화가 발달하고 중산층 내부의 계급 분화도 가속화되면서, 반려견을 키울 수 있는 유복한 가정은 정기적인 미용, 개줄 착용 습관 등을 내면화했습니다. 이들의 애완견은 이제 배회견과 거의 다른 종으로 보일 정도로 외관부터 돋보였습니다. 애완견이 단정하고 화려해질수록, 배회견은 외모적으로도 문화적으로도 더욱 소외될 수밖에 없었습니다. 그저 도시의 거리라는 주어진 공간에서 하루하루 살아가던 떠돌이 개들은 이발에 신경 쓸 겨를도 없었고 개줄로 자신을 통제하려는 주인을 필요로 하지 않았을 텐데 이번에도 여러모로 꽤 억울했을 것 같습니다.

## 혐오의 투영

서양 도시 문화가 배회견에게 뒤집어씌운 사회적 의미를 마지막으로 하나만 더 이야기하겠습니다. 1880년대는 유럽 각국에 경제공황이 불어닥친 시기였습니다. 그 여파 속에서 1865년부터 1895년까지 영국의 노숙자가 두 배 이상 증가했다는 통계가 있습니다. 사람의 먹고사는 문제가 각박해지면 개도 먹고살기 힘들어집니다.[20] 세기말 런던과 뉴욕의 시민들은 배회견에게 후안무치厚顔無恥의 이미지를 부여했습니다. 아무리 개라지만 도시의 구성원으로서 하등 쓸모없이 그저 거리를 배회하며 음식물 쓰레기나 할짝대는 퇴물로 본 것입니다. 당시의 지배적인 담론이었던 '자조自助, self-help'에 입각해 사람들은 '스스로를 돕지 못하고' 구걸하는 인간이나 개를 똑같이 혐오했습니다.

심지어 뉴욕에서는 19세기 초에나 일어났을 법한 일들이 거의 100년이 지나 되풀이되고 있었습니다. 길거리에서 무참하게 배회견들을 죽이는 사태가 빈번하게 발생했던 것입니다. 1890년대에 배회견들은 센트럴파크에서는 총에 맞아 죽고, 코니아일랜드Coney Island에서는 칼에 찔려 명을 달리했습니다. 경제가 이 정도로 악화되니 수많은 애완견이 유기되어 배회견으로 전락하기도 했습니다. 이러한 역사적 과정을 거치며 배회견을 사랑하는 일은 점점 더 어렵고 부자연스러워졌습니다.

이상에서 살펴본 것처럼, 19세기 내내 런던, 파리, 뉴욕의 시민들은 갖가지 이유와 명분으로 배회견에 대한 반감을 '자연스러운 것'으로 만들어 갔습니다. 그 가운데 여러분이 지금 보기에도 타당한 근거는 얼마나 있나요? 사람마다 대답은 다르겠지만,

적어도 19세기 사람들이 배회견을 대하는 방식이 대단히 타당하며 오늘날에도 전적으로 통용될 수 있다고 생각하는 분은 많지 않을 것 같습니다. 이토록 강아지에 대한 인간의 특정한 감정은, 배회견에 대한 혐오든 애완견에 대한 사랑이든 역사적으로 만들어진 것일 수 있습니다. 대부분 인간의 논리와 상황을 개의 의사와 상관없이 개에게 투사하고 덮어씌운 결과인 경우가 많았고요. 지금의 기준으로 100년 전의 배회견을 불쌍히 여기며 옛 런더너, 파리지앵, 뉴요커를 욕하는 것은 어쩌면 쉬운 일인지도 모르겠습니다. 지금 여러분은 어떤 강아지를, 또는 어떤 다른 동물을 선별적으로 사랑하고 혐오하고 있습니까? 그 마음은 과연 50년 후에도, 100년 후에도 정당할까요?

# 3장

*

# 강아지 도살자와 그 동조자들

## 인도적 살처분

19세기 런던, 파리, 뉴욕의 시민들 가운데 다수는 갖가지 이유로 배회견을 없애야 한다고 생각했습니다. 여러 한계에도 불구하고 메리 틸비를 비롯한 소수의 '애견인'은 배회견에게도 가능한 한 자애로움을 보여야 한다고 믿었습니다. 이처럼 상반된 두 입장으로 갈라졌던 사람들은 어쨌든 같은 런더너, 파리지앵, 뉴요커로서 무언가 타협의 지점을 찾지 않으면 안 되었습니다.

결론부터 말하자면, 그 절충안은 바로 배회견에 대한 인도적 살처분humane killing이었습니다. 광견병으로 대표되는 공중보건 이슈 때문이든, 전문 육종가의 이해관계 때문이든, 반려견과 대비되는 배회견에 대한 부정적인 인식 때문이든 이제 그 누구도 모든 강아지가 '평등하게' 인간과 함께 도시 공간을 공유하며 살아갈 수 있고 반드시 그래야만 한다고 쉽게 주장할 수 없었습니다. 여기까지 사회적 논의가 이루어졌다면, 남은 것은 제거되어야 하는 강아지에게 최대한 자비를 베풀어 주자는 관념입니다. 이것이 20세기 전환기 서양 주요 도시들에서 인도적 살처분과 관련된 담론과 실천이 등장한 배경이었습니다.

## 구금소 살처분

19세기 중기 이후 배회견들은 대체로 거리가 아닌 구금소에서 생을 마감했습니다. 구금소에서의 죽음은 적어도(혹은 순전히) 인간의 관점에서 거리에서의 죽음보다는 '인도적'이라고 간주되었습니다. 앞서 악명 높은 개 도살자 애브너 커티스를 언급했습니다. 커티스가 뉴욕시 경찰서장직을 수행하던 1810년대 이후로 한동안 뉴욕은 유독 파리나 런던에 비해 배회견들을 노상에서 많이 죽였습니다. 1830년 8월, 로어 맨해튼Lower Manhattan 마켓필드가Marketfield Street에서 한 남자가 도끼로 개 한 마리를 잔혹하게 살해하는 일이 벌어졌습니다. 남자는 그 배회견이 길거리에서 여자와 아이들을 위협했기 때문에 자신의 행동이 정당하다고 주장했습니다.[21] 이와 비슷한 일들이 자주 반복되었고, 도살자들은 특별히 처벌받지 않았습니다.

뉴욕의 참상은 1840년대에 극에 달했습니다. 배회견을 때려잡고 돈을 받는 브로커들이 나타났던 것입니다. 그 가운데는 어린 소년들도 있었습니다. 100~150명의 10대 소년들이 갖가지 무기로 무장한 채 배회견을 잡아 죽이기 위해 거리를 순찰했습니다. 공교롭게도 이 '개 사냥 소년단'에는 이민자, 노동계급 가정 출신 소년들이 많았던 모양입니다. 《뉴욕 헤럴드New York Herald》는 배회견보다도 이들의 존재가 도시의 치안을 위협한다고 꼬집었고, 이러한 행태는 배회견, 이민자, 노동계급에 대한 사회적 인식을 동시에 부정적으로 바꿔놓는 데 한몫했습니다. 이처럼 '인

도적이지 못한' 광경을 버티다 못한 뉴요커들이 19세기 후반에 구금소를 하나둘 세워나갔습니다.[22]

사람들의 눈에 띄지 않게 거리가 아니라 구금소에서 개를 죽이면 과연 더 인도적일까요? 이 윤리적 물음은 잠시 미뤄두겠습니다. 구금소에서 어떻게 개들을 죽였는지 더 자세히 알아본 뒤에 따져봐도 늦지 않을 테니까요. 19세기 중엽 런던과 파리의 구금소에서는 일반적으로 건장한 남자들이 목을 졸라 개를 죽였습니다. 확인 가능한 통계 자료에 따르면, 1840년대 파리의 구금소에서 매년 약 1만 2,000~1만 3,000마리의 개가 목이 졸려 죽었습니다. 1865~1875년에는 매년 교살되는 배회견의 평균수가 약 1만 4,600마리로 늘어났습니다. 특별히 인도적이지 않았습니다.[23]

한편, 뉴욕의 구금소가 선호한 방법은 따로 있었습니다. 바로 익사였습니다. 구금소 내에 큰 물탱크를 갖추어 놓고 그 안에 개들을 빠뜨렸던 것입니다. 수용할 수 있는 개의 수, 또 새로 거리에서 포획되어 구금소로 이송되는 배회견의 수를 따져가며, 주기적으로 기존에 '보호'하고 있던 개들을 익사시켰습니다. 1856년 8월 5일자 《뉴욕 데일리 타임스New York Daily Times》 기사에 따르면, 개를 살처분하는 날이 정해지면 구금소의 직원들은 새

벽 5시부터 오후 1시 30분까지 이 일을 진행했고, 이런 식으로 평균 매주 2,000마리 이상의 배회견이 도살되었다고 합니다. 죽은 개들의 시체는 브루클린Brooklyn 남부에 위치한 배런섬Barren Island 폐기장에 다른 생활쓰레기와 함께 버려졌습니다.[24]

1877년에는 뉴욕의 한 구금소가 더 '효과적으로' 배회견을 죽이는 방법을 고안했습니다. 큰 케이지에 개 여러 마리를 한꺼번에 밀어 넣고 크레인을 이용해 맨해튼과 브루클린Brooklyn 사이 이스트강East River에 말 그대로 '담가버리는' 방식이었습니다. 땅

〈그림 4〉 배회견을 살처분하는 장면(1858).

이 아닌 물에 생매장했다고도 말할 수 있겠네요. 이 과정에서 저항이 심한 개들도 있었습니다. 주로 덩치가 큰 개들이었는데, 도살자들에게는 위협이 되었을 것입니다. 그래서 구금소 관계자들은 몽둥이로 개의 다리를 부러뜨렸습니다. 뛰지도 싸우지도 못하게 된 개들은 결국 물에 잠겼습니다. 이것이 뉴욕 강아지 구금소가 말하는 '인도적 살처분'이었습니다. 특별히 인도적이지는 않았습니다.[25]

어느 도시도 더 인도적이지도 덜 인도적이지도 않았습니다. 그런데 파리와 뉴욕은 서로가 서로에게 인도적이지 못하다며 비난의 화살을 돌렸습니다. 1873년 프랑스의 간행물 《레뷔 브리타니크Revue Britannique》의 한 기사는 뉴욕의 "개 학살 욕조"를 두고 프랑스대혁명 시기 반혁명분자들을 물고문하고 익사시켰던 자코뱅의 공포정치가 떠오른다며 힐난했습니다.[26] 1884년 7월 《뉴욕타임스》는 개를 목 졸라 죽이는 프랑스의 구금소야말로 "야만적이고 잔인하다"라고 맞받아쳤습니다.[27] 서로 다른 언어를 사용하는 인간들이 지면상에서 무어라 떠들어 대든, 인도주의를 어떻게 정의하든 도시의 배회견들은 살아가고 죽어갔습니다. 인도주의는 문자 그대로 인간들만의 말잔치였을 뿐입니다.

## '과학적' 살처분

한편, 19세기에 비약적으로 발전하고 있던 과학과 기술은 배회견의 인도적 살처분에도 영향을 미쳤습니다. 과학기술의 힘으로 개들에게 더 편안하고 고통 없는 죽음을 선사할 수 있다고 진심으로 믿은 사람들이 적지 않았습니다. 대표적인 인물이 영국의 의사이자 생리학자인 벤저민 워드 리처드슨Benjamin Ward Richardson, 1828~1896이었습니다. 평소 의학 분야에서 임상과 연구를 병행했던 그는 마취제라는 새로운 과학적 성과물을 익히 알고 있었습니다. 근대적 마취제는 1846년 미국 보스턴 매사추세츠종합병원Massachusetts General Hospital에서 최초로 외과수술에 활용되었습니다. 리처드슨의 시대에 마취제는 최첨단 과학이었던 셈입니다. 의사로서 런던의 도시 보건 위생 문제에 관심이 많았던 그는 마취제라는 과학의 힘을 빌려 배회견을 더 '인도적'이고 '효율적'으로 제거할 수 있겠다는 생각을 품었습니다.

1884년 리처드슨은 영국의 대표적인 배회견 보호 시설인 배터시 개 보호소(1장에서 언급한 메리 틸비의 '길 잃고 굶주린 개들을 위한 임시 거처'의 후신)에 자랑스럽게 자신의 이름을 붙인 '리처드슨 도살실Richardson lethal chamber'이라는 장치를 설치했습니다. 이 장치는 벽돌로 제작되었고 전면에 미닫이문이 달린 큰 암실과 바퀴 달린 상하 2층짜리 대형 케이지로 구성되어 있었습니다. 한 번에 최대 200마리의 개가 케이지에 실려 암실에 수용될 수 있었습니다. 개들을 입장시키기 전에 직원들이 암실 내부에 마취제의 일종인 클로로포름chloroform과 탄산가스를 채웠습니다. 강아지들의 숨통이 끊어지는 데 필요한 시간은 단 2분이었습니다. 리처드슨과 그의 지지자들은 개들이 질식을 느끼기도 전에 마취된 채 고통 없이 죽게 된다며 장치의 성능을 자랑했습니다.

런던의 '성공' 사례는 파리와 뉴욕까지 번졌습니다. 파리의 동물 보호 운동가 아드리안 네라Adrienne Neyrat는 프랑스도 리처드슨의 도살실처럼 "과학의 진보"를 상징하는 "근대적 기계"를 도입해야 한다고 주장했습니다.[28] 뉴욕에서는 유럽의 소식을 듣고 가스를 통한 배회견 살처분을 도입하는 동시에 전기를 이용해 미국만의 방식을 마련해 보자는 흐름도 존재했습니다. 19세기 말 토머스 에디슨Thomas Edison, 1847~1931은 한창 '전류 전쟁Current War'을 벌이고 있었습니다. 그는 자신의 직류direct current 패러다임을 옹호하기 위해 경쟁자인 조지 웨스팅하우스George Westinghouse,

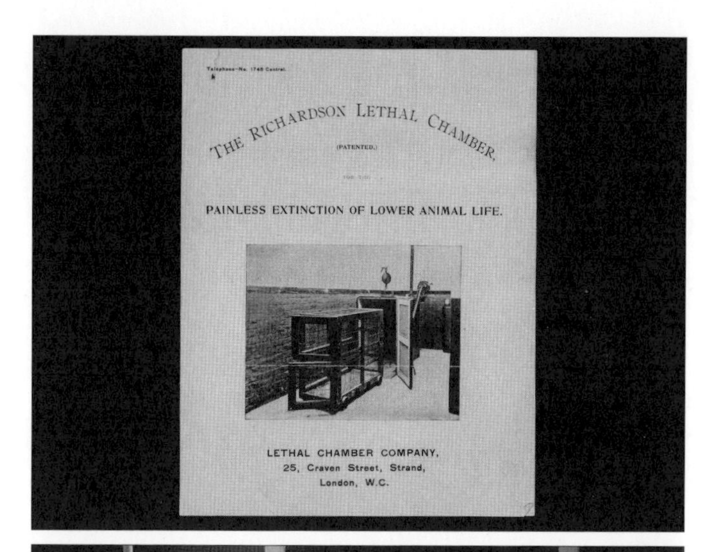
THE RICHARDSON LETHAL CHAMBER,

(PATENTED.)

PAINLESS EXTINCTION OF LOWER ANIMAL LIFE.

LETHAL CHAMBER COMPANY,
25, Craven Street, Strand,
London, W.C.

〈그림 5〉 (위) 리처드슨 도살실의 모습.
〈그림 6〉 (아래) 리처드슨 도살실로 들어가는 강아지들(1895).

1846~1914와 니콜라 테슬라Nikola Tesla, 1856~1943의 교류alternating current 기술이 매우 위험하다는 주장을 펼쳤습니다. '발명왕'은 이를 입증하기 위해 교류를 이용해 개 50마리, 코끼리, 심지어 인간 사형수를 감전시켜 죽이는 실험을 설계하고 시연을 진행했습니다.[29]

이러한 분위기 속에서 뉴요커들은 더 광범위하게 에디슨의 전기와 배회견에 대한 인도적 살처분이라는 의제를 연결시킬 수 있었습니다. 1888년 크리스마스 당일자 《뉴욕타임스》의 한 사설은 환영받지 못하는 개들을 전기로 죽이는 관행을 두고 "과학적으로 개를 죽이는" 방법이라며 높이 평가했습니다.[30] 요컨대, 과학자와 기술자 들은 개 도살을 '과학화'하려 했고, 인도적 살처분이라는 인도적이지 않은 행위에 연루되었습니다. 동조자였던 것입니다. 조금 더 강하게 표현하자면 공범이었다고까지 말할 수 있습니다.

## 동조자이길 거부한 사람들

시민들의 합의에 토대를 두고 있던 인도적 살처분이라는 관념은 이처럼 여러 새로운 방법의 등장과 더불어 20세기 전환기에 보편화되었습니다. 무엇보다도 주류 동물 보호론자들이 일반적으로 이 개념을 받아들였다는 점은 부정하기 어렵습니다. 영국의 배터시 개 보호소가 그러했고, 곧 살펴볼 미국의 최대 동물 보호 단체인 미국동물학대방지협회American Society for the Prevention of Cruelty to Animals, ASPCA도 마찬가지였습니다. 심지어 배회견을 넘어 애완견에 대해서도 인도적 살처분 담론은 꽤나 설득력을 얻었던 것 같습니다. 견주들은 이를 일종의 안락사 개념으로 받아들이며, 편안한 죽음을 제공하기 위해 자신들의 '충성스러운' 반려견을 보호소로 기꺼이 데려갔습니다. 이는 애견인들 사이에서도 '거처home'나 '보호소shelter'라는 간판이 걸려 있는 시설들이 실은 도살slaughter의 공간이라는 인식이 널리 공유되고 있었음을 방증합니다.

그러나 대세를 거스른 사람이 아주 없었던 것도 아닙니다. 이 대목에서 플로라 킵Flora D'Auby Jenkins Kibbe이라는 여성을 소개하고 싶습니다. 킵은 1903년 뉴욕 렉싱턴 에비뉴Lexington Avenue에 '잠시만요 보호소Bide-A-Wee Home'를 열고 배회견에 대한 인도적 살처분을 전면 반대했습니다. 다른 기성 보호소보다 훨씬 규모도 작고 재정적으로도 열악했지만, 킵과 '잠시만요 보호소'는 1906년 한 해에만 강아지 1,871마리의 목숨을 구해냈습니다.[31]

인도적 살처분을 용인한 대다수의 사람들 눈에는 킵이 곱게

<그림 7> 배회견의 인도적 살처분을 반대한 플로라 킵.

보일 리 없었습니다. 1907년 7월 《뉴욕타임스》는 '잠시만요 보호소'에 유독 여성 동물 보호 운동가들이 많다는 점을 거론하며 이들을 "통제 불능의 감상주의자들uncontrollable sentimentalists"이라고 비하했습니다. 주류 동물 보호 운동을 대변하던 미국동물학대방지협회 또한 기관지 《우리의 동물 친구들Our Animal Friends》을 통해 '잠시만요 보호소'의 "본질적 나약함inherent feebleness"과 자신들의 "규율 잡힌 인도주의principled humanity"를 구별하며 전자를 비판했습니다. 협회는 킵의 의도는 좋았지만, "상식"과 지식이 부재한 감상주의는 도리어 "강아지 아수라장canine inferno"를 만들어낼 수 있다고 경고했습니다. 그 외에도 많은 뉴요커가 킵과 '잠시만요 보호소'에 주저 없이 불편함을 드러냈습니다. 심지어 인도적 살처분의 기저에 있는 사람들의 선의를 배회견들이 필시 알아줄 것이라며 "개는 당신[개를 죽이려는 주인]을 믿는다"라는 궤변을 늘어놓는 경우도 있었습니다.[32]

당연한 사랑도 당연한 혐오도 없습니다. 사랑과 혐오를 실천하는 방법도 천차만별이었습니다. 런던, 파리, 뉴욕의 개 도살자들과 그 동조자들의 사례를 통해 볼 수 있듯이, 과거의 누군가에게 '혐오'와 '인도주의'는 양립 가능할 수도 있었고, '사랑' 안에

'죽임'이 포함될 수도 있었던 것 같습니다. 오늘날이라고 완전히 다를까요? 과거와 현재 사이의 차이는 '당연한 것'과 '당연하지 않은 것', '받아들일 수 있는 것'과 '받아들일 수 없는 것'의 역사적 조합과 배치뿐일지도 모르겠습니다. 인간과 동물의 공존이 당위만으로 이루어지기 어려운 이상理想인 이유가 바로 이것입니다.

# 4장

*

# 애완견 판타지

이제 이야기의 초점을 배회견으로부터 애완견으로 옮겨보겠습니다. 앞서 '펫'의 어원이 중세 프랑스 귀족 여성이 키우던 소형 강아지와 관련 있다고 말했습니다. 또 18~19세기를 거치며 애완견 양육 문화가 사회적으로 확산되었다는 점도 짚어보았습니다. 이 장에서는 영국의 사례를 중심으로 이 역사적 과정을 더 자세히 따라가 보려 합니다. 이제 드디어 배회견을 둘러싼 불편한 이야기 대신 사랑이 가득한 일화를 마음 편히 살펴볼 수 있을까요?

조금은 그럴 수도 있을 것 같습니다. 하지만 완전히는 아닙니다. 이제부터 애완견의 역사 또한 전적으로 사랑만으로 쓰인 것이 아님을 함께 검토해 보도록 하겠습니다.

## 중세의 애완견

중세 영국에서 애완견은 궁정의 왕실 여성이나 국교회 수도원과 수녀원의 상급 성직자의 전유물이었던 것으로 보입니다. 한편, 국왕 가운데 처음으로 자신의 애완견에 대한 지극한 사랑을 공개적으로 표명한 인물은 찰스 2세(재위 1660~1685년)였습니다. 하루는 찰스 2세가 특별히 아끼던 강아지가 사라진 일이 있었습니다. 강아지가 스스로 가출한 것인지 누군가 고급스러워 보이는 왕의 개를 훔쳐 간 것인지는 명확하지 않습니다만, 어쨌든 왕은 강아지를 찾는다는 광고를 신문에까지 냈습니다(그러나 결국 강아지를 찾지 못했던 것 같습니다). 그 후 찰스 2세의 뒤를 이은 제임스 2세(재위 1685~1688년)와 윌리엄 3세(재위 1689~1702년)도 우연이든 어떤 정치적 의도든 '애완견을 사랑하는 왕'이라는 이미지를 내세웠습니다. 이렇게 17세기 말 18세기 초에 애완견을 사랑하는 능력이 귀족 엘리트의 교양이자 특성이라는 인식이 영국 사회 내에 자리 잡게 되었습니다.[33]

18세기를 거치며 애완견 문화가 귀족 계층 너머로 조금씩 확산되었습니다. 경제적으로, 사회적으로 존재감을 키워가던 중산층 평민들도 애완견에 대한 애착과 공감능력이 상류층의 자질이라는 점을 예리하게 포착했습니다. 일부 평민은 왕실, 귀족, 종교계 엘리트 들이 정작 사람보다 개에게 사랑을 쏟고 유난을 떠는 모습을 보고는 반감을 갖거나 조롱을 하기도 했습니다. 그러나 다수의 평민은 상류층의 애완견 문화를 사회적 신분 상승의 상징으로서 적극적으로 모방하고 체득하고 싶어 했지요. 애완견 문화의 일반화는 사회적 상승 욕망과 결코 무관하지 않았습니다. 이렇게 100여 년이 더 지나 19세기 중엽이 되면, 애완견을 키우는 문화가 런던의 중산층에게까지 완벽하게 뿌리내렸다고 평가되고 있습니다.

## 구별 짓기

족보 있고 콧대 높은 귀족과 그 후예는 애완견 문화의 '중산층화'가 달갑지 않았습니다. 할 수만 있다면 이들은 중세 시대처럼 극소수의 엘리트만이 애완견을 키울 수 있도록 규제하고 싶었을 것입니다. 그러나 중산층의 성장이라는 역사적 대세를 한 줌의 귀족이 막을 수는 없었습니다. 중산층의 애완견 소유 자체를 금지하지는 못했던 것입니다. 그럼에도 상류층은 다른 방식으로 자신들과 중산층을 구별하려는 의지를 절대 꺾지 않았습니다. 이러한 '구별 짓기'를 가능케 한 하나의 방편은 더 '훌륭한' 종류의 애완견을 소유한 견주가 사회적으로 '급'이 더 높은 인간이라는 인식을 확고히 하는 것이었습니다.

주디스 리튼Judith Neville Lytton은 유서 깊은 귀족 집안 출신의 여성이었습니다. 그의 친가는 대대로 남작 작위를 세습하는 명문가였고, 백작가의 남편을 만나 혼인했습니다. 물론 리튼은 애견가이기도 했습니다. 그는 1911년 『애완견과 그 조상들Toy Dogs and Their Ancestors』이라는 책을 집필했습니다. 이 책은 당대 영국의 애완견 문화를 비판적으로 조명하면서 족보가 있는 진정한 귀족적 애완견과 아무나 키울 수 있는 별 볼 일 없는 견종을 명확히 구별하기 위한 의도로 쓰였습니다.

일례로 오늘날 우리가 흔히 잉글리시 토이 스패니얼English toy spaniel이라고 부르는 견종을 다음과 같이 말합니다. "턱이 네모지고 육중하며 코가 짧은 지금의 형태는 … 아무리 일러도 … 1840년 이후에 나타났다." 리튼은 이러한 유형의 스패니얼을 두고 "현대의 짝퉁modern fake"이라고, "80년 이상 거슬러 올라가면 찾아볼 수 없다"라고 단언합니다. 이런 '짝퉁' 스패니얼은 중산층이나 키우는 애완견이고, 자신과 같은 귀족은 중세의 원형을 간직하고 있는 '진짜' 스패니얼을 키운다는 이야기를 리튼은 하고 싶었던 것입니다.[34]

키우는 애완견의 종이 무엇이냐가 견주의 사회적 지위를 드러내는 지표가 되었던 시기는 리튼이 위와 같은 주장을 내세우기 전인 19세기부터였습니다. 중산층의 모방 및 상승 욕망과 상류층의 차별화 욕망은 서로 시너지를 일으키며 애완견 육종업을 폭발적으로 성장시켰습니다. 남들(또는 남들의 개)과 한눈에 구별되는 '더 고급스러운' 애완견을 키움으로써 나의 지위를 뽐내고 싶다는 마음은 중산층이나 상류층이나 마찬가지였던 것입니다.

이러한 욕망을 제대로 겨냥한 전문 육종가들은 기꺼이 '구별 짓기'를 위한 반려견종을 만들어 냈고 경제적으로 큰 성공을 거두었습니다.

이 과정에서 리튼의 말마따나 중세적 기원과 관련성이 희미하다고 비판받는 중산층용 '짝퉁' 견종도 탄생하게 되었고, 귀족들이 선호했다고 알려진 고급 견종들도 육종학적으로 확립되었습니다. 대표적으로 콜리, 포메라니안, 퍼그 등이 후자에 해당하는 견종들입니다. 특히 콜리와 포메라니안은 빅토리아 여왕(재위 1837~1901년)이 가장 좋아하는 종이었다고 합니다. 19세기 영국은 이처럼 애완견들 내부에서, 또 그 애완견들을 소유한 사람들 내부에서 이런저런 위계가 형성되는 시공간이었습니다.

## 만들어진 전통

그런데 리튼의 말 가운데는 역사적 사실과 부합하다고 보기 어려운 대목도 있습니다. 영국 동물사 전문가인 해리엇 리트보Harriet Ritvo는 엄밀한 문헌 기록 조사를 거쳐 18세기 이전에는 현재 우리

| 개의 종류varieties | 비고 |
| --- | --- |
| 1. Terrar | 오늘날의 테리어terrier와 관련 있다고 추정 |
| 2. Harier | |
| 3. Bloudhound | 오늘날의 블러드하운드bloodhound와 관련 있다고 추정 |
| 4. Gasehunde | 오늘날의 게이즈하운드gazehound와 관련 있다고 추정 |
| 5. Grehound | 오늘날의 그레이하운드greyhound와 관련 있다고 추정 |
| 6. Leuiner | |
| 7. Tumber | |
| 8. Stealer | |
| 9. Setter | 오늘날의 세터setter와 관련 있다고 추정 |
| 10. Water Spaniel | 오늘날의 스패니얼spaniel과 관련 있다고 추정 |
| 11. Land Spaniel | 상동 |
| 12. Spaniel-gentle | 상동 |
| 13. Shepherd's Dog | 오늘날의 콜리collie와 관련 있다고 추정 |
| 14. Bande-Dog | |
| 15. Wappe | |
| 16. Turnspit | |
| 17. Dancer | |

〈표 1〉 존 카이우스의 『잉글랜드의 개들』에 등장하는 개 분류.

가 사용하고 있는 '종breeds'이라는 개념 자체가 존재하지 않았다는 점을 밝혀냈습니다. 근대적 종 개념이 구성되기 이전의 문헌인 존 카이우스John Caius, 1510~1573의 『잉글랜드의 개들Of Englishe Dogges』을 참고하면, 16세기에는 개들이 그저 느슨하게 정의된 17가지 종류로 분류되었음을 알 수 있습니다(〈표 1〉).[35] 그렇다면 우리가 알고 있는 수많은 견종은 17세기 이후, 특히 18~19세기에 이르러 앞서 살펴본 것과 같은 상승 욕망과 차별화 욕망에 따라 과열화된 육종의 산물이었을 가능성이 높습니다. 리튼은 인정하고 싶지 않을지 모르겠지만, '현대의 짝퉁'뿐만 아니라 고급 견종도 엄밀히 말하자면 역사적 근거가 명확하지 않았습니다.

그럼에도 '구별 짓기'는 지속되어야 했습니다. 내가 가진 고급 강아지의 실제 족보가 없다면, 다시 말해 유구한 역사성을 보장해 줄 문헌적 근거가 빈약하다면, 다른 증거를 찾아내거나 만들어 내면 될 일입니다. 배회견 때와 비슷하게, 다시 한번 과학이 막중한 책무를 떠맡게 되었습니다. 19세기의 생물학자들과 동물학자들은 특정한 견종이 다른 종에 비해 '과학적'으로 왜 더 우월한지 진화론을 빌려 설명하고자 했습니다. 이와 더불어 순종견과 잡종견의 사회적 격차도 더욱 커졌습니다. 권위 있는 과학자가 고안한 온갖 견종 계보학과 분류법이 새로이 등장했지만, 대부분 역사적 증거는 없다시피 했습니다. 이른바 '만들어진 전통'이었습니다.

그런데 19세기 후반 몇몇 런더너는 번거롭게 역사도 과학도 따지지 않고 '구별 짓기'를 체계화할 묘수를 떠올렸습니다. 바로 도그쇼dog show를 개최한다는 아이디어였습니다. 마치 패션쇼를 통해 그때그때 유행하는 의상과 고급스러운 스타일이 결정되는 것과 마찬가지였습니다. 정기적으로 도그쇼를 개최해 '급이 높은' 견종의 특징들을 견줘보고 새롭게 육종된 신품종이 전시되는 자리가 만들어졌습니다. 최초의 도그쇼는 1859년 6월 28일 뉴캐슬Newcastle에서 열렸습니다. 총기를 만들어 팔아 큰돈을 벌었다는 페이프Mr. Pape라는 사람이 쇼를 후원했다고 합니다. 나날이 도그쇼의 규모와 영향력은 커져갔습니다. 1863년 3월 런던 첼시Chelsea에서 열린 도그쇼는 사상 최초의 국제 도그쇼로 기록되었습니다. 특정한 견종이 이러한 도그쇼에 초청받아 무대 위에 서게 된다면, 일거에 그 종은 사람들이 선망하는 대상으로 떠올랐습니다. 말하자면, 도그쇼는 어떤 형태의 개가 고급스러운 것인지 '인증'해 주는 가장 효과적인 수단 가운데 하나였던 것입니다.[36]

〈그림 8〉 시카고 도그쇼 포스터(1902).

이러한 개를 통한 '구분 짓기'가 정착되고 과열되자 '급 나누기'가 더욱 세분화되었습니다. 한 견종 안에서도 시대에 따라 상이한 생물학적 특징이 '귀족스럽다'는 이미지와 임의로 결부되었던 것입니다. 코가 길어야 한다거나 짧아야 한다거나, 귀가 커야 한다거나 작아야 한다거나, 꼬리가 말려야 한다거나 우뚝 솟아야 한다거나 하는 식이었습니다. 육종가들은 급변하는 유행에 편승해 어떻게든 이러한 생물학적 특성을 지닌 개체를 만들어내기 위해 수단과 방법을 가리지 않았습니다. 그 과정에서 은밀한 잡종 교배는 빈번하게 일어났고, 견종들은 더욱 중세적 원형이라고 상상된 특징들과 멀어졌습니다. 런던 시민들은 이 견종들을 순종이라고 믿으며, 바로 그러한 개들을 사서 키울 능력이 있는 자기 자신은 남들에 비해 '고급스러운 인생'을 살고 있다고 확신했습니다. 그리고 온 마음을 다해 신명을 바쳐 애완견들을, 아니 어쩌면 강아지들로 만들어진 하나의 거대한 판타지를 사랑했습니다.

지금까지 도시의 강아지들을 둘러싼 사람들의 감정을 역사화해 보았습니다. 배회견에 관한 이야기도 애완견에 관한 이야기도 모두 무조건적인 사랑, 본능적인 사랑과는 거리가 멀었습니다. 사랑의 이면에 그만큼 지독한 미움의 감정이 응축되어 있었거나, 또는 사회적 상승욕과 취향의 전시를 통한 '구별 짓기'의 욕망이 도사리고 있었습니다. 물론 100여 년 전 서양의 주요 도시들과 오늘날의 한국은 여러모로 상황과 조건이 다릅니다. 그럼에도 우리가 그때 그 시절 런던, 파리, 뉴욕에서 길어 올 수 있는 교훈 하나 정도는 있을 것 같습니다. 현대적 삶을 사는 인간들이 도시의 개들과 빚는 문제를 오로지 '사랑'으로써 풀어내기에는 강아지들에게 짐 지워진 역사와 감정의 무게가 너무 무겁다는 사실입니다. 여전히 세상에는 더 많은 사랑이 필요합니다. 하지만 그 사랑의 당위 너머에 존재하는 감정과 욕망과 이해관계를 함께 직시할 때 사랑을 더 잘 실천하고 더 잘 설득할 수 있을 것입니다.

# 2부

# 감춰진 동물들

# 5장

*

# 옴니버스와 철도마차의 시대

사람이 모여 근대적 도시가 형성되면 모빌리티mobility의 문제가 발생하기 마련입니다. 농촌이라는 삶의 터전을 떠나 도시로 모여든 근대인들은 그 협소한 생활공간에서 자급자족할 수 없었습니다. 도시에서 가정과 일터는 분리된 공간이었고 자연스럽게 농촌 생활 중에는 없었던 통근이라는 개념이 생겨났습니다. 대체로 지난 수백 년 동안 도시의 노동 조건은 열악했지만, 어쨌든 중산층은 성장했고 더불어 이들을 위한 위락 시설이 생겨났습니다. 사람들은 일을 하지 않는 날 가족들과 집을 나서서 시내의 레스토랑이나 상점이 모여 있는 구역으로 움직였습니다. 이처럼 현대의 도시인들은 끊임없이 '이동'해야 했습니다. 따라서 모빌리티의 문제는 도시의 핵심 조건 가운데 하나였습니다. 그런데 19세기에 유럽과 아메리카의 도시가 팽창함에 따라 시민들이 이동해야 하는 거리도 덩달아 늘어났습니다. 결국 도보로 이동하기에는 너무 멀거나 시간이 오래 걸리는 이동을 어떻게 해낼 것인가라는 문제가 생겨났습니다.

이때 파리, 런던, 뉴욕의 시민들은 말을 떠올렸습니다. 말은 전근대의 인류에게 인력을 초월하는 모빌리티 능력을 제공한 대표적인 동물이었습니다. 5장에서는 증기나 전기가 모빌리티 문제의 해결책으로 떠오르기 이전인 19세기 전반 미국 도시들로 시간 여행을 떠나보려 합니다. 그리고 한때 말이 어떻게 인간의 도시가 기능하는 데 필수 불가결한 동물로서 존재했는지, 또 어떻게 말에 대한 인간의 의존성이 제거되었는지, 그리하여 도시인들의 시야로부터 말이 어떻게 사라졌는지 살펴보겠습니다.

## 옴니버스

19세기 미국의 주요 도시들은 가히 '말들의 도시'이기도 했습니다. 한 통계에 따르면, 19세기 100년간 미국 대도시에는 평균적으로 사람 20명당 한 마리의 말이 있었다고 합니다. 또한 1900년

| 도시 이름 | 말 한 마리당 인구수 |
|---|---|
| 캔자스시티(캔자스주) | 7.4명 |
| 미니애폴리스(미네소타주) | 9.3명 |
| 로스앤젤레스(캘리포니아주) | 12.7명 |
| 덴버(콜로라도주) | 14.7명 |
| 멤피스(테네시주) | 17.0명 |
| 세인트루이스(미주리주) | 17.5명 |
| 버팔로(뉴욕주) | 18.5명 |
| 샌프란시스코(캘리포니아주) | 20.1명 |
| 콜럼버스(오하이오주) | 20.8명 |
| 시카고(일리노이주) | 22.9명 |
| 피츠버그(펜실베이니아주) | 23명 |
| 신시내티(오하이오주) | 23.3명 |
| 필라델피아(펜실베이니아주) | 25.3명 |
| 뉴욕(뉴욕주) | 26.4명 |

〈표 2〉 1900년 미국 주요 도시의 말 한 마리당 인구수.

당시 미국의 주요 도시별로 말 한 마리당 인구의 수를 다음과 같이 제시하고 있습니다(〈표 2〉).[37]

달리 말하면, 평균적으로 19세기 미국의 도시에서 사람 100명이 모일 때 버스, 전차, 지하철, 자동차가 아니라 말 다섯 마리가 따라왔다는 의미입니다. 21세기를 사는 우리는 이러한 도시 경관이 쉽게 상상되지 않을 것입니다. 그럼 조금 더 구체적으로 들여다보겠습니다.

우선 〈그림 9〉에서 보이는 것처럼 제법 규모가 있는 화물 마차가 도시의 거리를 널리 통행했습니다. 이 마차는 우유 배달용이었습니다(도심 유업에 관해서는 다음 장을 참고해 주십시오). 하지만 이러한 화물 마차보다 더 일반적이었던 것은 옴니버스omnibus라고 불린 승합마차였습니다(〈그림 10〉). 오늘날 우리가 거의 매일 사용하고 있는 버스bus라는 말은 이 옴니버스의 줄임말입니다. 옴니버스는 '모든 사람을 위한 탈것'이라는 의미를 담고 있습니다. 중세 이래의 전통적인 마차stagecouch로부터 더 많은 사람을 태울 수 있도록 진화한 것이 바로 옴니버스였습니다. '버스'란 애초에 내연기관이 일반화되기 이전 말의 근력으로 움직이는 대중교통 수단이었던 것입니다.[38]

〈그림 9〉 (위) 20세기 초 미국의 우유 배달용 화물 마차(1909).
〈그림 10〉 (아래) 옴니버스라고 불린 승합마차.

옴니버스는 1820년대 파리에서 처음 등장한 것으로 알려져 있습니다. 이후 영국에도 확산되어 1838년경 약 620대의 옴니버스가 런던 시내에서 운영되었다고 합니다. 뉴욕은 파리와 런던보다 조금 늦었습니다. 1827년에야 비로소 브로드웨이를 중심으로 최초의 상업용 마차가 운행하기 시작했으며, 1840년대에 점진적으로 옴니버스가 도입되었습니다. 뉴욕시에 정식으로 등록된 옴니버스의 수는 1848년에 327대, 1851년에 568대, 1853년에 683대였습니다. 한 통계에 따르면, 1853년 뉴욕시에서는 하루 평균 옴니버스의 운행 횟수가 무려 1만 3,420회였으며 총 12만 명의 승객을 태웠다고 합니다.[39]

옴니버스의 등장과 정착은 도시 모빌리티에 혁명적인 변화를 가져왔습니다. 더 많은 사람이 더 먼 거리를 더 저렴하게 이동할 수 있게 되었습니다. 부유한 사람도 가난한 사람도 하인이 있는 사람도 없는 사람도 옴니버스 차 칸 안에 한데 끼여 앉아 거리를 누볐습니다. 오늘날 우리가 이야기하는 '옴니버스식 구성'이라는 표현이 다소 통일성이 떨어지는 개별 에피소드들을 모아 하나의 작품을 만드는 형식을 의미하게 된 기원이 여기에 있습니다. 1841년의 어느 작가를 비롯한 상류층 인사들은 옴니버스를 두고 모빌리티의 "민주화의 적폐evils of democratization"라고 힐난하기도 했지만,[40] 어쨌든 당시 옴니버스와 그 객차를 끄는 말이 뉴욕의 도시 기능을 완전히 바꿔놓았다는 사실 자체를 부정할 수 있는 뉴요커는 없었습니다.

기존의 마차보다 단순히 더 크고 튼튼한 객차를 개발하는 것만으로 이러한 혁신이 가능했던 것은 아닙니다. 수많은 뉴요커는 옴니버스가 편리하기도 하지만 승차감이 너무 좋지 않다는 불만을 토로했습니다. 그도 그럴 것이 19세기 초중반 뉴욕의 주요 도로는 대부분 큼직한 돌들을 놓아 닦은 길cobblestone roads이었습니다. 옴니버스의 운행 노선이 확대될수록, 그리고 승객들의 불만이 고조될수록, 뉴욕의 도로는 빠르게 큰 돌을 분쇄한 자갈길macadam roads로 변모했습니다. 기술의 변화는 사회 인프라의 변화와 함께 비로소 소기의 사회적 영향력을 발휘할 수 있습니다.

더 중요했던 것은 팽창하는 옴니버스 사업을 지탱하는 살아있는 동력, 즉 말을 관리하는 시스템을 만드는 일이었습니다. 우선 대형 객차를 오랫동안 끌 수 있는 크고 강건한 말을 대량으로 육종해야 했습니다. 다음으로 옴니버스의 알짜배기 노선 주위로 시내 곳곳에 말들이 휴식을 취하고 잠을 잘 수 있는 마구간을 세워야 했습니다. 거기에 사료가 떨어지지 않도록 넉넉한 보급선도 갖춰야 했습니다. 또 말을 먹이고 돌보거나 거리의 말똥을 치울 사육사도 여럿 필요했지요. 마지막으로 말은 무엇보다 마비저馬鼻疽, glanders를 비롯한 감염병에 취약했습니다.[41] 따라서 말의 건강을 지켜줄 수의사도 19세기 뉴욕 '버스' 사업에서 없어서는 안 될 존재였습니다. 이처럼 말은 손이 많이 가는 대중교통 수단이자 동력원이었습니다. 그럼에도 어쩔 수 없었습니다. 인간들의 도시 뉴욕은 그만큼 말에게 의존적이었습니다.

## 철도마차

옴니버스의 전성시대가 시작된 지 얼마 되지 않아 또 한 번의 큰 기술적·사회적 변화가 일어났습니다. 1831년에 설립 인가를 받은 신생 회사이면서 미국 최초의 철도 기업 가운데 하나인 뉴욕앤할렘철도New York & Harlem Railroad가 맨해튼과 할렘을 잇는 철도를 깔았습니다. 이 맨해튼-할렘 철도는 세계 최초의 도심 노면철로street railway 또는 트램tram 노선으로도 알려져 있습니다. 그런데 우리는 트램이 으레 전기로 움직이는 전차電車라고 쉽게 생각합니다. 사실 원조 트램은 다름 아닌 말이 끌었습니다.

상상이 잘 안되지요? 다시 정리하겠습니다. 최초의 트램은 일종은 '철도마차'였습니다. 철로 위에 바퀴 달린 객차를 놓고 그것을 말들이 끄는 방식이었습니다. 앞서 옴니버스의 문제 가운데 하나로 도로 노면의 상태에 따라 승차감이 크게 좌우된다는 점을 말씀드렸습니다. 또한 도로의 저항이 크면 같은 거리를 갈

**〈그림 11〉 뉴욕시에서 운행 중인 철도마차(1904).**

때 말도 더 지치는 법입니다. 이러한 문제를 해결하기 위해 19세기 중반 뉴요커들이 떠올린 방법이 바로 노면 철로였습니다. 시민들의 이동 수요가 높은 몇몇 노선을 중심으로 아예 철로를 깔아버리면, 인간의 승차감과 말의 노동 강도 문제를 한꺼번에 잡을 수 있을 것이라 기대했습니다.

옴니버스 대신 철도마차에 탑승한 승객들은 더 편안하고 더 빠른 모빌리티 서비스를 경험하며 만족을 표하기도 했습니다. 《뉴욕 데일리 어드버타이저New-York Daily Advertiser》의 표현에 따르면, 철로 위에서 "말들이 짐을 싣고 마치 날아가는 것 같았다"라고 합니다.[42] 1850년 이후 옴니버스 업계와의 갈등에도 불구하고, 철도마차 사업은 더욱 덩치를 키워나갔습니다. 1857년 한 해 동안 철도마차가 무려 2,300만 명의 뉴요커를 실어 날랐다고 합니다. 1880년에 이르면, 연간 철도마차 누적 이용객의 수가 1억 6,000만 명으로 뛰었고, 약 1만 2,000마리의 말이 136마일(약 220킬로미터)의 도심 노면 철로 구간 위에서 철도마차 1,500량을 끌며 뉴욕시의 대중교통을 책임졌습니다.[43]

그런데 동서고금의 역사에서 하나의 신기술이 완벽하게 긍정적인 역할만 수행하며 사회문제를 일거에 해결하는 일은 거의 없습니다. 철도마차의 사례도 다르지 않았습니다. 장점뿐만 아니라 단점 또한 다름 아닌 노면 철로 기술을 이용한다는 점에서 비롯되었는데요. 기본적으로 철로의 이점은 어느 정도 폭을 갖춘 직선 위주의 규격화된 노선에 국한될 수밖에 없었습니다. 무계획적으로 거침없이 팽창하고 있던 19세기 후반의 뉴욕시 도심에 철로 부설이 적합한 지역은 생각보다 제한적이었습니다.

더 큰 문제는 정해진 철로 위의 마차 운송량과 운송 일정을 실시간으로 정확히 관리하고 통제하는 것이 당시로서는 굉장히 힘든 일이었다는 점입니다. 여객용 철도마차와 화물용 철도마차가 마구 뒤섞였습니다. 여정에 예기치 않은 지연이 발생하는 것은 거의 불가피한 일이었습니다. 교차로가 놓여 있는 교통의 요지에서는 큰 혼란이 빚어졌습니다. 말똥이 신속하게 처리되지 않거나 눈비가 내려 운행에 차질이 더해지는 날에는 어찌할 수 없는 난맥상이 맨해튼 곳곳에서 벌어졌습니다.

이러한 문제에서 조금이라도 벗어나기 위해 철도마차를 운행하는 마부들은 '꼼수'를 부리기도 했습니다. 객차의 네 바퀴 가운데 두 개만 철로에 걸쳐놓고 말을 몰거나 하는 식이었습니다. 요행히 덜 고생하고 운행을 잘 마친 날도 있겠지만, 나머지 두 바퀴가 철로 구간 바깥의 진창에 걸려 더 큰 문제가 발생하거나 심지어 안전사고로 이어지는 날도 있었습니다. 옴니버스와 마찬가지로 철도마차의 승객들도 이 모든 과정을 상대적으로 비좁고 흔들리는 객차 안에서 누군지 모를 낯선 이와 부대끼며 견뎌내야 했습니다.

1874년 1월 23일자 《뉴욕타임스》 기사에 따르면, 인내심이 바닥난 일부 뉴요커들은 다음과 같이 불만을 토로했습니다. "사람이 가득 찬 철도마차를 타면 아주 짧은 거리를 이동할 때조차 역겨움과 심각한 수치심을 느끼게 됩니다. 그것을 견딜 바에는 차라리 먼 거리라도 걸어가는 편이 낫습니다."[44] 원조 '지옥철' 앞에는, 언제나 열심히 달린 죄밖에 없는 말이 있었습니다. 불편함과 불쾌함에 화가 머리끝까지 난 19세기의 뉴요커들은 지나가는 말을 볼 때마다, 길가 한구석에 쌓여 냄새를 풍기는 말똥을 볼 때마다, 그 부정적인 감정을 말이라는 존재에 잔뜩 투영했을지도 모릅니다.

19세기가 저물고 20세기가 밝자 뉴요커들의 마음속에서 말은 자리를 잃어갔습니다. 1881년 7월 24일자 《뉴욕타임스》에 실린 「도시의 말The Horse in Cities」이라는 제목의 사설은 이러한 집단적 감정 상태를 여실히 보여줍니다. "인간에게 가장 유용한 [동물인] … 말은 제 밥값을 하지만 그럼에도 대단히 돈이 많이 드는 동물이다. … 말은 사료를 먹을 때 달러 지폐를 우적우적 씹어 먹는 것과 다를 바 없다. … 말의 몸 곳곳은 터럭 하나까지 모두 말 병equine disorder의 이름이자 발병 장소라고 할 수 있다." 사설은 이어서 말이 그 "비행misconduct"이나 "잘 놀라는 성질skittishness" 때문에 마부나 행인을 "죽게 하거나 불구로 만들 위험"이 있다고 지적합니다. 《뉴욕타임스》는 "도시는 말을 중심으로 굴러가고 있지만" 말은 인간이 오직 더 나은 대안을 찾을 때까지만 "필수불가결한" 존재로 남아 있을 것이라는 결론을 내립니다.[45]

후대를 살고 있는 우리는 여기서 말하는 '대안'이 무엇인지 잘 알고 있습니다. 20세기를 지나며 고도로 발단한 내연기관에 힘입어 화석연료, 증기, 전기 등으로 움직이는 여러 교통수단이 말과 마차를 대체했습니다. 그렇게 말은 인간의 도시에서 사실상 퇴출되었습니다. 기차, 전차, 자동차는 여전히 세계 곳곳에서 현대인의 모빌리티를 책임지고 있습니다.[46] 그러나 이 새로운 기술들 또한 모든 기준에서 '절대적'으로 말과 마차보다 '우월'하다고 보기는 어려울지도 모르겠습니다. 기동성, 편리성, 경제성, 위생 등의 요소 외에 안전과 에너지의 지속 가능성이라는 기준도 모빌리티의 문제를 고려할 때 응당 염두에 두어야 할 가치일 테니까요.

조금 추상적인 질문으로 이번 장을 갈무리하려 합니다. 말을 쉽게 볼 수 없게 된 20세기 이후의 뉴요커들은 말과 공존했던 19세기 선조들보다 얼마나 더 행복해졌을까요?

# 6장

*

# 젖소와 우유의 죄악

1858년 뉴욕시를 떠들썩하게 만든 비극적인 사건이 벌어졌습니다. 로어 맨해튼Lower Manhattan에 살던 가난한 아일랜드 이주민 노동자 가정에서 젖먹이 마사Martha가 돌연 우유를 먹고 사망한 것입니다. 원래 마사의 어머니는 모유 수유를 고집했습니다. 그러나 가정 형편이 어려워지자 어느 부유한 집안에 유모로 취업하기로 결정했습니다. 그렇게 벌어들이는 푼돈이 그나마 가정 형편에 도움이 되리라 기대했습니다. 어머니의 모유는 마사가 아닌 다른 집 자녀들의 몫이 되었고, 대신 마사는 소의 젖을 먹으며 자랐습니다. 그러던 어느 날 마사가 소화불량을 일으키더니 복부가 비정상적으로 팽창하기 시작했습니다. 곧 체중은 급격히 줄었습니다. 결국 의사가 손써볼 틈도 없이 귀하디 귀한 딸 마사는 영원히 부모님의 곁을 떠나고 말았습니다.[47]

19세기 중반 비슷한 증상을 겪다가 사망한 영유아는 비단 마사뿐만이 아니었습니다. 뉴욕을 비롯한 미국 주요 도시에서 영유아 사망률은 1820년대부터 가파르게 상승했습니다. 농촌의 영유아 사망률과 비교해 볼 때, 도시의 수치가 수배 이상 높다는 통계도 존재합니다.[48] 당대 한 의사의 연구에 따르면, 1840년대 말과 1850년대 초 뉴욕시 전체 사망자의 절반가량이 5세 미만의 영유아였다고 합니다.[49] 도시는 농촌에 비해 훨씬 더 건강하지 못한 공간이라는 인식이 강해졌습니다. 일부 도시의 공직자와 개혁가들은 높은 영유아 사망률이 도시 유업의 성장과 비례한다는 패턴에 주목했습니다. 다시 말해, 도심 내 목장이나 낙농장에서 생산한 우유가 아이들의 건강을 해치고 있다는 것이었습니다. 결과적으로 이러한 관찰은 사실로 판명되었습니다. 결국 19세기 후반을 거치며 젖소들은 인간들의 도시 바깥으로 퇴출되는 수순을

밟게 되었습니다. 지금부터 이 역사적 과정을 자세히 들여다보겠습니다.

## 도심 유업의 성장

뉴욕시를 향한 이촌향도의 물결은 18세기 말에 본격화되었습니다. 도시화 초창기에 농촌 고향을 떠나 뉴욕으로 이주한 사람들은 대개 젖소를 돼지, 당나귀 등과 함께 데리고 들어왔습니다. 이 가축들은 자급자족적인 생활을 영위하는 데 반드시 필요한 존재였고, 이는 농촌에서든 도시에서든 마찬가지일 것이라고 사람들은 짐작했습니다. 이들은 젖소를 뉴욕시 안의 공원이나 공동묘지에서 방목했습니다. 1820년대까지도 이처럼 뉴욕 시내 곳곳에서 풀을 뜯어 먹는 젖소의 모습을 그리 어렵지 않게 찾아볼 수 있었습니다.[50]

그런데 이 초보 뉴요커들은 머지않아 도시와 농촌은 전혀 다른 공간임을 깨닫게 됩니다. 한 가정이 대부분의 생필품을 자급자족하는 삶의 방식은 도시 생활과 맞지 않았습니다. 가족의 구성원들은 일터로 나가 임금노동에 종사했고, 이렇게 번 돈으로 시장에서 필요한 물품을 구매하는 것이 더 '도시스러운' 방식이었습니다. 뉴요커들의 인식 속에서 자급자족하는 것이 '자연스러운' 물품의 목록은 줄어든 반면, 시장에서 사 오는 것이 더 '당연한' 물건의 종류는 늘어갔습니다. 곡물이나 우유 같은 전통적인 농축산물도 말 그대로 상품이 되었습니다. 집에서 젖소 한두 마리를 기르며 우유를 짜내는 일을 그만두는 가정들이 많아졌습니다.

한편, 우유에 대한 사회적 수요가 존재하는 한, 일반 가정의 우유 자급자족이 줄어드는 만큼 공급을 대신 책임지는 사람들이 나타나 주어야 했습니다. 즉, 전문적으로 우유를 생산하고 유통하는 업자들이 뉴욕시에 삼삼오오 등장하기 시작한 것입니다. 이들의 사업도 처음에는 다른 가정에 비해 조금 더 많은 젖소를 키우는 수준의 가내 유업 정도였습니다. 시간이 지나면서 전문화와 규모의 경제를 이룩하며 더 높은 수익성을 내는 사람들이 두각을 나타냈습니다. 자본주의적 마인드가 투철한 사람들은 당시 뉴욕시 곳곳을 수놓고 있던 공장을 모델로 삼아 우유를 싸게 대량 생산할 수 있는 공장식 유업industrial dairy을 상상했고 조금씩 실현시

켜 나갔습니다. 좁은 공간에 많은 수의 젖소를 가두어 놓고 가장 '효율적'으로 관리하며 우유를 짜내는 방식이었습니다. 19세기 전반의 뉴요커들에게 우유란 도심 유업 전문 업체가 대량 생산하는 상품이라는 인식이 점점 더 당연시되었습니다.

그런데 모든 뉴요커가 이러한 공장식 도심 유업을 반겼던 것은 아닙니다. 특히 부유한 최상층이나 경제적으로 여유가 있던 뉴욕 시민들의 입장은 이러했습니다. 이들에게는 뉴욕 바깥 농촌에서 '자연스럽게' 생산된 신선유fresh milk와 도시 내부에서 공장식으로 생산된 우유 사이에 선택권이 있었습니다. 이들은 대체로 외부에서 맨해튼으로 우유를 운반해 오는 비용을 더 부담하더라도 농촌산 신선유를 선호하는 경향이 있었습니다. 반면, 뉴욕 시민 대다수를 구성하는 중하층 계급과 노동자의 입장에서는 더 저렴한 도시산 '공산품' 우유를 살 수밖에 없는 처지였습니다. 부유한 뉴요커들은 가난한 이들 때문에 도시 내부에 더럽고 냄새나는 '젖소 공장'이라는 일종의 '혐오 시설'이 무차별적으로 난립하는 사태를 용인하고 싶지 않았습니다. 도시산 우유와 농촌산 우유를 둘러싼 뉴요커 간의 계급 갈등은 19세기 중반 이후로도 계속되었습니다.

## 양조장 옆 젖소 공장

그럼에도 우유에 대한 뉴욕 시민들의 수요는 나날이 높아졌습니다. 사실 19세기 초반까지 미국인들은 일상적으로 우유를 먹는 삶을 살지는 않았습니다. 젖소와 접근성이 높았던 사람들이야 우유를 자주 즐겼지만, 그렇지 않은 사람들은 우유를 먹다가 괜히 탈이 나는 일이 많았습니다. 냉장이나 살균 시설이 제대로 갖춰지기 이전이었다는 역사적 이해가 가능한 부분입니다. 그러나 19세기 중엽 이후로 사람들의 인식과 현실이 서서히 바뀌기 시작했습니다. 영양학적으로 우유를 포함한 식단이 더 건강하다는 담론이 점차 일반화되었던 것입니다. 더 주요했던 것은 사회경제적 요인입니다. 일을 하는 엄마들이 지속적으로 늘어났는데, 이는 마사의 어머니처럼 아이에게 모유 대신 우유를 사 먹여야 하는 사람들이 증가한다는 의미였습니다. 이러한 흐름은 고스란히 우유 수요의 증가로 귀결되었습니다.

도심 유업 종사자들은 우유 수요 증가에 대응해 생산 규모를 더 확대하고 생산 비용을 낮추는 방법을 모색하기 시작했습니다. 그 과정에서 한 가지 독특한 추세가 나타났습니다. 젖소 공장들이 도심 내 양조장 근처로 위치를 옮겼다는 점입니다. 우유 생산업자들의 노림수는 바로 양조장에서 배출되는 담금액mash 또는 swill이었습니다. 담금액이란 위스키나 맥주를 주조하는 과정에서 부산물로 만들어지는 알콜성 액체였습니다. 양조업자에게 담금액은 술이 다 만들어지고 나면 필요하지 않은 폐기물에 불과했습니다. 그러나 담금액에는 나름대로 영양소가 함유되어 있었습니다. 젖소 공장의 주인들은 담금액이 젖소의 사료가 될 수 있다는 점에 주목했습니다. 결국 양조장으로부터 대량의 담금액을 헐값에 사들여 젖소들에게 먹였습니다. 적어도 몇몇 사람들의 눈에는 젖소가 하나의 생명이라기보다는 담금액이라는 쓸모

〈그림 12〉 양조장 옆 젖소 공장.

없는 폐기물을 돈이 되는 우유라는 상품으로 전환시켜 주는 '기계'로 보였을지도 모르겠습니다.

젖소 공장주들의 사업 전략은 적중했습니다. 담금액을 활용함으로써 도심의 공장식 유업은 생산 비용을 낮추고 생산 규모를 더 늘릴 수 있었습니다. 덕분에 도시산 우유는 교외 농촌 신선유라는 대체재에 비해 가격 경쟁력을 더욱 굳건히 확보할 수 있었습니다. 이러한 성공을 대표하는 기업이 존슨스 유업Johnson's Dairy이라는 회사였습니다. 존슨스는 담금액 기반의 유업 생산자swill-milk producer로서 1830년대 말에 이르러 뉴욕시 우유 시장의 상당 부분을 장악한 굴지의 공장식 유업 대표 주자로 성장했습니다. 맨해튼 15번 스트리트와 5번 애비뉴의 교차로에서 무려 2,000마리의 젖소를 보유한 채 우유를 찍어냈던 존슨스 유업의 위세는 실로 대단했습니다.[51]

## 농촌 신선유 구매 운동

양조장 옆 젖소 공장의 성공 신화는 공짜로 얻어진 것이 아니었습니다. 무엇보다 젖소가 학대를 받았습니다. 젖소는 담금액을 먹기 싫어했습니다. 충분히 이해할 만합니다. 목초지에서 풀을 뜯어 먹어야 할 동물을 도심의 협소한 공간에 가두어 놓고 한편으로 담금액을 먹이며 젖을 짜려 했으니까요. 젖소가 담금액 먹기를 거부하자 업자들은 강압적인 방법을 동원했습니다. 일정 기간 동안 젖소에게 일부러 물을 주지 않은 채 염도를 높인 건사료를 먹였습니다. 젖소들은 목이 무척 탔을 것입니다. 이렇게 며칠이 지나면 견디다 못한 젖소들이 담금액을 억지로 목구멍으로 넘겼습니다.

도심 젖소 공장 내부의 외양간은 1미터도 안 되는 매우 협소한 공간이었습니다. 젖소는 자유롭게 움직이는 것은커녕 몸을 돌리기조차 쉽지 않았습니다. 같은 자세로 오랫동안 불편하게 방치된 젖소들은 금세 스스로 다리를 가누기 힘들게 되었습니다. 운동 부족으로 온몸의 근육은 수축되었습니다. 종국에는 스스로 서 있는 것조차 힘들게 되었고 자주 자신이 배설한 똥오줌 위로 자빠졌습니다. 이 지경에 이르렀는데도 인간들은 멈추지 않았습니다. 〈그림 13〉처럼 외양간 천장에 도르래를 설치했습니다. 도르래에 연결된 단단한 끈으로 젖소를 꽁꽁 묶은 후 지면 위로 일정 높이만큼 들어 올렸습니다. 사지가 축 처진 상태로 주렁주렁 매달린 젖소의 무기력함은 그 밑에서 신나게 젖을 짜는 인간들의 맹렬함과 대비되었습니다. 인간들은 멈추지 않았습니다. 심지어 젖소가 이미 숨을 거둔 뒤에도 마지막 한 방울까지 우유

〈그림 13〉 공장식 도심 젖소의 수난.

를 짜내는 경우마저 있었습니다.[52]

언제나 작용이 강하면 반작용도 강한 법입니다. 공장식 도심 유업의 폭주를 더 이상 좌시하지 못하고 반대 행동에 나선 사람들이 나타났습니다. 장로교 목사 실베스터 그레이엄Sylvester Graham, 1794~1851과 빈민 구제 활동가 로버트 하틀리Robert Hartley, 1796~1881가 대표적인 인물이었습니다. 특히 그레이엄은 다음과 같이 주장했습니다. “젖소의 건강에 영향을 미치는 모든 요소는 곧이곧대로 우유의 질에 영향을 미친다. … 부적절한 감금, 신선하지 않은 공기, 더러운 외양간, 그 외 젖소의 몸에 유입되는 모든 것은 동물의 건강에 부정적인 영향을 미친다.” 그는 이렇게 생산된 우유는 “더러운 냄새와 맛으로 가득 차 있다”라고 말했습니다. 그레이엄은 이러한 우유 대신 농촌의 신선유를 옹호했습니다. “그러므로 최고의 우유는 … 방목철에 드넓은 초지를 뛰어놀며 순결한 토지에서 나온 먹거리를 먹고 자란 완벽하게 건강한 젖소만이 생산할 수 있다.”[53]

그레이엄과 하틀리는 공장식 도심 유업에서 젖소를 다루는 방식이 신의 섭리와 완전히 배치된다고 보았습니다. 그가 보기에 신이 젖소에게 허락한 사료와 음식 대신에 위스키 담금액을 먹인다는 것은 일종의 신성모독이었습니다. 게다가 파렴치하게 자행되는 젖소 학대도 신의 격노를 살 만한 일이었습니다. 이에 그레이엄과 하틀리는 강력한 종교적 도덕관에 입각해 공장식 도심 유업을 비난했고, 대안으로 뉴욕시 외곽 농촌에서 수입한 신선유를 선택하자는 운동을 벌였습니다. 주된 방법은 소비자들의 의식을 계몽하는 것이었습니다. 비록 농촌 신선유가 더 비싸더라도 신앙심 깊고 영혼의 구원을 믿는 양식 있는 뉴요커라면 결코 '죄악'의 우유를 선택해서는 안 된다는 논리였습니다. 그레이엄과 하틀리가 보기에 도시의 악은 반드시 농촌의 순박함을 통해 '정화'되어야만 했습니다.

## 사라진 젖소들

그레이엄과 하틀리의 농촌 신선유 소비 운동은 엄청난 반향을 일으켰습니다. 하지만 그만큼 강력한 저항과 반감에 부딪히기도 했지요. 이들의 종교적 계몽주의는 주머니 사정 때문에 어쩔 수 없이 도시산 우유를 이용할 수밖에 없었던 노동자와 하층민의 선택을 졸지에 '악'으로 규정하는 부작용을 낳았습니다. 가난한 뉴요커들은 마음 한편으로 죄의식을 느끼면서도 왜 자신들이 이러한 취급을 받아야 하는지 마음이 답답하기도 했을 것입니다. 존슨스 유업을 비롯한 업자들도 가만히 있지 않았습니다. 부분적으로 젖소에 대한 처우를 개선한다든지, 자신들의 관점에서 유리하게 일종의 '팩트 체크'식 대응을 전개함으로써 소비자들의 충성심을 붙잡아 두려 했습니다.

도농 갈등, 계급 갈등, 종교적 열정이 한데 뒤섞인 뉴욕시 도심 유업 논쟁은 1850년대 말과 1860년대 초 의사들의 참전과 더불어 새로운 국면을 맞이하게 되었습니다. 이 장 도입부에서 언급한 마사 사망 사건이 터질 즈음이었습니다. 의사들은 종교적인 이유보다는 순전히 의학과 보건 측면에서 담금액 위주의 도시산 우유를 비판했습니다. 의사들은 특히 이러한 우유를 먹을 경우 '과학적'으로 어떻게 영유아의 건강에 악영향을 미칠 수 있는지를 강조했습니다.[54] 계급과 종교를 막론하고 뉴욕시의 젊은 부모들에게 자녀의 건강은 결코 양보할 수 없는 것이었습니다. 힘의 추는 점점 더 농촌산 신선유로 기울어졌습니다.

이렇게 19세기 후반을 거치며 서서히 공장식 도심 유업은 자취를 감추기 시작했습니다. 시내 한복판의 녹지에서도 공동묘지에서도 혹은 양조장 옆 음침한 외양간에서도 더 이상 젖소들을 찾아보기가 어려워졌습니다. 도시산 우유 생산 회사들 중에는 폭삭 망한 경우도 많았습니다. 그러나 몇몇 기업은 어떻게든 살아남아 뉴욕시 바깥으로 생산 시설을 이전하는 데 성공했습니다. 이들은 여전히 담금액을 가지고 건강하지 못한 싸구려 우유를 대량 생산했습니다. 이러한 우유는 이제 농촌산 신선유로 둔갑해 뉴욕 시민들의 식탁 위에 올려졌습니다. 가짜 신선유가 수익성을 유지할 수 있었던 것은 역설적으로 과학기술의 발전 덕분이기도 했습니다. 갈수록 발달하는 뉴욕시 안팎의 철도와 여타 교통망이 유통 비용과 시간을 절감시켜 주었기 때문입니다.

여러분은 우유를 좋아하나요? 혹시 여기까지 읽고 오늘 아침 무심결에 마신 우유 한 잔, 라떼 한 잔 때문에 왠지 마음이 무거워졌나요? 이제부터 우유를 아예 먹지 말아야 할지, 아니면 비건 우유를 찾아야 할지 고민이 되나요? 어떤 느낌이나 생각이든 여러분의 소중한 마음입니다. 제가 그 부분까지 굳이 '정답'을 판별해 줄 이유는 전혀 없을 것입니다. 다만 한 가지는 말씀드릴 수 있습니다. 오늘 우리에게 주어진 우유는 살아 있는(혹은 살아 있었던) 어느 젖소로부터 비롯되었다는 사실입니다. 이 부정할 수 없는 진실을 우리가 인지하고 상상하고 공유하는 것은 꽤 중요한 일입니다. '그다음 단계'로 무엇을 하느냐는 각자의 선택에 달려 있다고 하더라도 말이지요.[55]

# 7장 * 쥐잡기 뉴딜

서구 근대도시 문명이 일반화되는 과정에서 사람들의 혐오를 온몸으로 받아낸 또 하나의 대표적인 동물로 쥐를 꼽을 수 있습니다. 21세기 한국을 살아가는 젊은이들 가운데 쥐를 실제로 본 적이 없는 분도 꽤 많을 것 같습니다. 물론 불타는 금요일 밤 붐비는 먹자골목 틈 사이로 긴 꼬리를 가진 생물체가 빠르게 움직이는 장면을 봤을 수도 있겠지만요. 20세기 후반을 살아본 분은 박정희 정부 시기의 쥐잡기 운동을 기억할 것입니다. 초등학교가

'국민학교'로 불리던 시절, 주말을 보내고 월요일에 제일 먼저 등교하는 학생이 '끈끈이' 위에서 생을 마감한 쥐의 사체를 보고 기겁하기도 했지요.[56] 우리 인간은 쥐와 어쩌다 이렇게 살벌한 관계를 맺게 되었을까요? 이번 장에서는 역사 속 쥐에 관해 자세히 살펴보도록 하겠습니다.

## 20세기 이전 쥐와 인간의 불화

동아시아 전통 시대를 살았던 사람들은 그래도 쥐를 마냥 혐오했던 것 같지는 않습니다. 쥐를 십이지 동물 중 으뜸으로 올려주던 시절도 있었고요. 그런데 늦어도 몽골족이 유라시아 대륙을 제패했던 13세기 무렵부터는 쥐가 특정한 감염병과 모종의 관련이 있다는 생각이 어느 정도 받아들여진 모양입니다. 몽골족은 새로운 점령지에서 설치류와 접촉하는 일을 극도로 꺼렸다고 합니다.[57] 최근에는 여러 수정주의적 해석이 제기되고 있지만, 14세기 유럽의 흑사병도 쥐와 관련이 없지 않았다는 것이 전통적인 견해입니다.[58] 그러나 이른바 전근대를 살았던 사람들은 구체적으로 어떻게 쥐가 질병을 퍼뜨리는 데 일조하는지 알지 못했습니다.

그 '어떻게'를 완전히 이해하지 못했다는 점에서는 19세기 뉴욕도 별반 다르지 않았습니다. 앞서 1부에서 살펴보았듯이, 도시화가 급속히 진행되던 뉴욕은 여러 이유로 강아지를 사랑하고 혐오하는 사람들의 공간이었습니다. 뉴요커들은 자신들의 안락한 도시 생활을 위해 배회견과 마찬가지로 쥐도 몰아내야 한다고 믿었습니다. 그 이유를 아직 '과학적으로' 말할 수 없었지만 쥐가 병을 불러온다고 생각했습니다. 더욱이 쥐는 나무로 지어진 변변치 않은 도시 하층민의 주택을 갉아 먹으며 층간 공간이나 벽의 틈에 은닉해 들어와 주거 공간을 '감히' 인간과 공유했습니다. 이렇게 집 안으로 기어들어 온 쥐들은 사람의 음식을 갈취했습니다. 가정용 냉장고가 아직 없던 시절, 사람들은 잠들기 전 다음 날 먹을 귀한 음식을 끈에 묶어 천장 마루 한가운데 매달았습니다. 쥐의 접근을 막기 위해서였지요.

19세기 뉴요커들은 쥐의 엄습을 막기 위해 집 안에 고양이를 키우거나 전문적으로 쥐잡기에 훈련된 강아지를 들였습니다. 애니메이션 〈톰과 제리〉에 나올 법한 쥐덫을 만들어 설치했습니다.

또 집집마다 쥐약을 만드는 민간 비법이 하나씩은 있었다고 합니다. 이러한 상황 속에서 리처드 토너Richard Toner라는 이름난 쥐잡기 명사가 등장하기도 했습니다. 그는 독특하게도 소형 랜턴을 이용해 쥐를 잡았습니다. 순간적으로 쥐에게 강한 빛을 쏘인 후, 쥐가 눈이 아득해 당황하는 사이에 생포해 버리는 방식이었습니다. 토너의 명성이 뉴욕시에 알려지자 그는 쥐잡기를 수익성

〈그림 14〉 19세기 다양한 쥐잡기 방법들.

있는 사업 아이템으로 여기기 시작했습니다. 토너는 쥐 100마리당 15달러를 받고 전문적으로 쥐를 잡는 데 나섰습니다. 그의 일처리는 특히 깔끔했던 것 같습니다. 쥐약이나 덫으로 쥐를 죽이면, 건물 벽 사이사이에 수거되지 못한 사체가 남아 해충이 꼬였습니다. 토너의 생포 위주의 쥐잡기 방식은 이러한 소비자의 걱정을 덜어내는 데 효과적이었습니다.[59]

## 20세기 전환기의 인간, 쥐, 그리고 과학

20세기가 되자 인간들은 쥐를 박멸해야 할 더 '과학적인' 이유를 속속 갖추게 되었습니다. 세균론germ theory이 발전하면서 쥐가 발진티푸스를 비롯한 수많은 질병의 매개체 역할을 한다는 사실이 미생물학적으로 규명되었던 것입니다. 이에 따라 지난 세기 토너 같은 개인 사업자가 민간 서비스로 수행했던 쥐잡기도 이제 국가가 책임져야 하는 공중보건 사업의 하나라는 인식이 서서히 확산되기 시작했습니다.

실례로 1907년 샌프란시스코에서 선페스트bubonic plague가 대대적으로 유행하자 시 정부는 쥐잡기 사업에 발 벗고 나섰습니다. 시청의 공무원들은 시민 단체와 협력해 쥐덫을 배분하거나 쓰레기 수거 제도를 개선해 쥐가 들끓지 못하게 했습니다. 공권력이 쥐의 활동에 제재를 가한다는 것은 감염병 통제라는 측면에서 볼 때 효과적이었습니다. 그러나 예기치 않은 문제를 야기하기도 했습니다. 시 정부는 샌프란시스코 내 차이나타운이나 이탈리아 출신 이민자들의 집단 거주 구역을 유독 가혹하게 다루었습니다. 이러한 구역들이 '불결'해 쥐를 창궐하게 만들고 도시 전체의 안녕을 위협한다는 근거 없는 편견과 두려움이 또 하나의 감염병이 되어 번졌습니다. 시 당국은 중국계 및 이탈리아계 이민자 가정에 침입해 강압적으로 방역 활동을 하거나 닭과 각종 식용 동물을 키우지 못하게 강제했습니다. 인종차별주의적 처사라는 항의가 없지 않았지만, 당국의 입장과 명분은 간단명료했습니다. 쥐를 잡고 병을 막아야 한다는 것이었습니다.[60]

1900년대~1930년대를 거치며 쥐가 인간에게 미치는 피해의 과학적 이해가 더욱 넓어지고 깊어졌습니다. 쥐에게 물리거나 쥐의 배설물을 통해 직간접적으로 전파될 수 있는 질병의 종류와 병원균의 종류가 더 구체적으로 더 많이 파악되어 갔습니다.

언론도 쥐 위험rat hazards에 대한 시민들의 경각심을 제고시키고자 영유아가 쥐에 물려 사망했다는 이례적인 사건을 대서특필했습니다. 한편, 통계학의 발달 덕분에 쥐가 공중보건의 영역을 넘어 미국 시민들의 일상생활에 미치는 불편까지도 더 면밀히 파악되었습니다. 1930년대 초 쥐가 목조건물을 훼손하거나 전선을 갉아 먹어 화재를 불러일으키는 바람에 초래된 재산 피해는 매해 2억 4,000만 달러에 육박했다고 합니다.[61]

오랜 세월 동안 쥐는 인간 곁에서 큰 변화 없이 그저 살아가던 방식대로 존재해 왔을 것입니다. 달라진 것은 그러한 쥐를 바라보는 인간이었습니다. 시간이 흐를수록 쥐는 미국 시민들의 '공공의 적'으로 재정의되었습니다. 국가와 과학이 이를 뒷받침했고, 그 바탕 위에서 사람들은 마음껏 쥐를 미워하고 죽였습니다.

## 대공황, 뉴딜, 그리고 쥐

나라가 하든 개인이 하든 결국 쥐잡기 활동에는 어느 정도 '돈'이 필요했습니다. 경제가 어려운 시기에는 인간의 쥐 통제도 느슨해질 수밖에 없었습니다. 1929년 이후 이른바 세계 대공황 시기에도 다르지 않았습니다. 시카고는 대공황 발발 직후 쥐잡기 활동을 수행하던 인원을 포함해 시의 공중보건 인력을 무려 75%나 감축했습니다. 쥐덫을 배분하고, 쥐약을 살포하고, 각종 쓰레기 수거 및 미화 활동을 전담하던 사람들이 하루아침에 일자리를 잃었고, 이 인간적 불운은 쥐에게는 '호재'가 되었습니다. 20세기 첫 30여 년의 강력한 제재를 뒤로하고 쥐들은 다시 인간의 도시 곳곳에서 번식하고 활보했습니다.

대공황 시기에 쥐의 개체 수가 전체적으로 늘어났다는 점 외에도 쥐의 활동 패턴에 또 한 가지 특이점이 나타났습니다. 이른바 '야외 쥐outdoor rats'보다 '실내 쥐indoor rats'의 비중이 눈에 띄게 커졌다는 점입니다. 인간의 경제가 어려우니 쥐의 경제도 어려웠던 모양입니다. 쥐들은 더 이상 노상의 쓰레기통에서 음식물 찌꺼기를 쉽게 찾지 못했고, 대거 집 안으로 몰려들어 와 일용할 양식을 구석구석 뒤졌습니다. 경제는 어려워 쥐잡기 활동은 위축되었는데, 쥐로 인한 피해는 더 커지고 가까워졌습니다.[62]

많은 분이 익히 알다시피, 대공황의 위기를 타개하기 위해 역사의 무대 위로 프랭클린 루스벨트Franklin D. Roosevelt, 1882~1945 대통령과 그를 상징하는 뉴딜 정책이 등장했습니다. 루스벨트의 연방 정부는 뉴딜 정책의 일환이자 공중보건 활동으로서 생쥐 박멸 사업에도 적극적으로 개입하기 시작했습니다. 우선 연방 공공위생국US Public Health Service은 제1차세계대전(1914~1919) 전후로 급격히 발달한 화학공학의 열매를 쥐잡기에 적용하는 방안을 떠올렸습니다. 일산화탄소를 바탕으로 효율적인 화학적 살서제chemical rodenticide를 대량 생산해 주요 도시의 쥐잡기 활동을 지원한다는 계획을 세웠습니다. 연방공공위생국은 메릴랜드주 볼티모어시에서 최신 살서제를 대량 활용하는 파일럿 프로그램을 실시했습니다. 결과는 만족스러웠고, 이후 연방 정부의 주도하에 화학적 쥐약이 쥐잡기의 핵심 방법으로 일반화되었습니다.

강력한 화학 쥐약이라는 도구가 갖춰졌다면, 다음으로는 그것을 실제 거주 구역 곳곳에서 운용할 인력이 필요했습니다. 1933년 연방긴급구제국Federal Emergency Relief Administration은 시카고에서 또 다른 파일럿 프로그램을 실시했습니다. 이는 긴급 구제 자금으로 수천 명의 해고 노동자를 고용해 시내 쥐잡기 인력으로 활용한다는 프로그램이었습니다. 이렇게 얼떨결에 쥐와 일대 결전을 펼치게 된 사람들은 대체로 그 전까지 쥐를 잡아본 경험이 거의 없었습니다. 사업이 바로바로 성과를 내기 어려운 이유였습니다. 또한 시카고 시민들 중에는 화학적 살서제를 휴대하고 현관문을 두드리는 낯선 노동자들을 집 안으로 들이기를 꺼리는 사람들도 많았습니다. 그 덕에 연방 정부와 시 정부가 대규모 사업을 정력적으로 펼쳤음에도 쥐들은 이래저래 살 곳을 찾을 수 있었습니다. 그러나 이러한 한계에도 불구하고, 쥐잡기 뉴딜 정책은 시민들의 광범위한 지지를 받았습니다. 실제 생쥐 구제 효과는 차치하고, 어쨌든 국가가 어려운 시기에 시민들을 위해 무언가를 하고 있다는 긍정적인 인상을 만들어 냈던 것입니다. 시카고의 파일럿 프로그램은 1930년대 후반에 이르러 공공사업진흥국Works Progress Administration의 정식 사업으로 제도화되었고, 뉴욕과 샌프란시스코도 시카고의 사례를 벤치마킹해 유사한 사업을 추진하기로 결정했습니다.[63]

## 인간의 불화, 쥐의 생존

잘 운영되는 것처럼 보였던 쥐잡기 뉴딜이 의외의 복병을 만났습니다. 1930년대 후반 연방 정부가 공적으로 진행하는 쥐잡기 활동이 성행하자 쥐잡기 서비스를 주업으로 삼던 기존의 민간 기업들이 들고일어났던 것입니다. 시카고의 생쥐 퇴치 민간 사업자들은 시카고 상공회의소의 지원을 등에 업고 연방 정부와 시 정부의 쥐잡기 뉴딜 사업을 뒤엎으려 했습니다. 이들의 입장은 쥐로 인한 불편함은 각 가정이 감내해야 하는 문제이며, 따라서 쥐잡기란 개개인이 각자의 돈으로 알아서 해결해야 할 '사적인' 일이라는 것이었습니다. 쥐잡기는 결코 납세자의 혈세를 지출해야 하는 '공적인' 활동 영역이 될 수 없다는 의미였습니다. 전국의 민간 쥐잡기 업자들은 세를 모아 의회를 상대로 성공적인 로비를 벌이기도 했습니다. 결국 1939년 시카고의 쥐잡기 뉴딜 프로그램을 종료한다는 결정이 내려졌습니다.

인간의 '공'과 '사'가 충돌함에 따라 이득을 본 것은 쥐였습니다. 쥐잡기 뉴딜 프로그램이 사라지자 쥐들은 다시금 살 만한 세상을 만났습니다. 그리고 쥐의 창궐은 다시 인간에게 견딜 수 없는 피해를 가져왔습니다. 결국 인간들은 모종의 타협점을 찾아나갈 수밖에 없었습니다. 공공장소의 생쥐 방제 사업은 나라나 시민단체의 공적인 일로, 개인 부동산 내부의 쥐잡기는 민간 기업이 담당하는 사적인 일로 보는 느슨한 합의가 도출되었습니다. 쥐들은 귀신같이 이 합의의 '약한 고리'들을 찾아 번식하고 생존해 나갔습니다. 특히 이 합의의 바깥에서 방치된 빈민가, 특히 아프리카계 미국인들이 모여 사는 구역은 점차 쥐들의 온상이 되었습니다. 제2차세계대전이 본격화되면서 국가 재정은 쥐잡기와 더 멀어졌고 사회 전반의 분위기도 흉흉해졌습니다. 이에 시카고의 아프리카계 미국인들을 주로 대변했던 언론《시카고 디펜더Chicago Defender》는 나라가 "쥐 대신 사람을 죽이느라" 공중보건 사업에 재정 지원을 축소했다는 비판의 목소리를 내기도 했습니다.[64]

1945년 루스벨트 대통령이 사망했고 전쟁도 끝이 났습니다. 그래도 쥐와의 전쟁은 끝나지 않았습니다. 쥐는 살아남았고 번성했습니다. 전후 시카고에서는 해마다 여전히 250명이 쥐에 물려 크고 작은 질병에 감염되었습니다. 1940년대 후반 시카고의 공중보건 관료와 언론은 쥐를 죽이는 데 초점을 맞춰서는 한도 끝도 없다는 점을 인정할 수밖에 없었습니다. 그들이 내놓은 근본적인 대책은 도시의 쓰레기 수거 인프라를 더 안정적으로 운영하고, 도심 공간의 빈부 구역 분리를 완화하고, 정기적으로 주택 보수에 대한 공적 지원을 강화하는 등 전반적인 도시 환경 개선에 진력해야 한다는 것이었습니다. 시카고 시민들은 결국 도시를 인간만의 삶의 터전으로 보는 관점으로부터 한발 물러나기로 했습니다. 쥐를 완전히 몰아내고 박멸하는 것이 아니라, 상호 불필요한 접촉면을 최소화하고 비가시화하며, 불완전하지만 안전하게, 이상하지만 일상적으로 공존하는 길을 모색하기로 했던 것입니다.

'혐오스러운 동물'과 '해충'을 대하는 태도에 관해 20세기 시카고가 내린 잠정적 결론은 21세기를 사는 한국인들에게도 의미하는 바가 있을 것입니다. '유해 동물'을 열심히 미워하고 돈을 써서 최선을 다해 죽이는 것이 능사가 아닙니다. 좋든 싫든 도시라는 우리의 터전은 동시에 다른 동물들의 생활 공간이기도 합니다. 인간이 쥐보다 모든 면에서 더 '우월'한 존재인지 저 개인적으로는 확신할 수 없습니다. 다만 쥐는 할 수 없고 인간은 할 수 있는 한 가지가 있다면, 아마도 인간과 쥐의 적절한 공존을 그리고 계획하고 실현해 내는 일이 아닐까요?

# 3부

# 제국의 동물들

# 8장

*

# 여왕의 낙타 부대

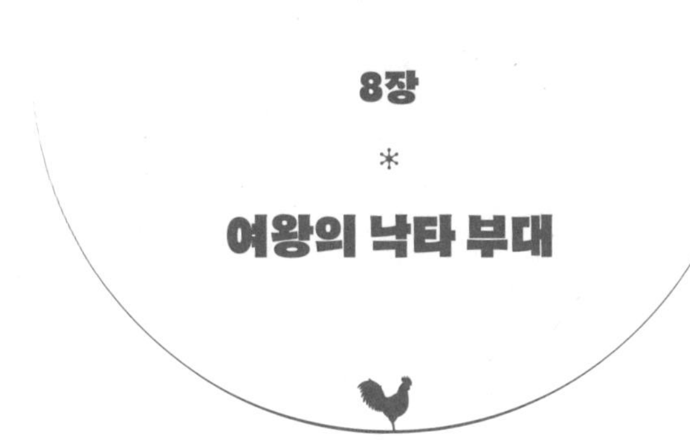

런던 한복판에는 하이드 파크Hyde Park라는 명소가 있습니다. 왕실 소유의 정원이지만 17세기부터 일반 시민들에게도 개방된 녹지 공간입니다. 이 공원 동편 한구석에는 전쟁동물기념상Animals In War Memorial이 있습니다. 그런데 전쟁 동물을 기념한다는 것이 무슨 뜻일까요? 용산에 있는 전쟁기념관을 떠올리는 분도 있겠지만, 전쟁을 기억하고 기념하는 활동과 동물이 무슨 관계가 있는지 직관적으로 연결되지 않는 분도 많을 것 같습니다. 이 대목

〈그림 15〉 하이드 파크 전쟁동물기념상의 모습.

에서 사극의 전쟁 장면을 생각해 보면 좋겠습니다. 현대화되고 기계화되기 이전 시대에 전쟁 행위는 인간이 결코 홀로 수행할 수 없는 일이었습니다. 기병대의 군마, 보급 부대의 당나귀와 노새 등 역축役畜이 필요했던 것입니다. 서양의 전쟁도 다르지 않았습니다. 대영제국을 건설하는 데 희생된 수많은 동물이 존재했는데, 런던 사람들은 동상을 만들어 이들을 기리고 있는 것입니다. 전쟁동물기념상의 문구가 이를 잘 보여줍니다.

"수 세기에 걸쳐 전쟁과 군사 작전에서 영국군과 그 동맹군을 지원하기 위해 다양한 동물이 동원되었다. 그 결과 동물 수백만 마리가 죽었다. 비둘기부터 코끼리까지 동물들은 인류의 자유를 위해 전 세계 모든 지역에서 중차대한 역할을 수행했다. 이 동물들의 공헌을 결코 잊어서는 안 될 것이다."

## 그레이트 게임과 낙타

이번 장에서는 대영제국과 "인류의 자유"를 위해 희생된 동물들, 그중에서도 낙타를 다루어 보려고 합니다. 갑자기 낙타라니 뜬금없다고 생각할 분들도 많을 것 같습니다. 하지만 낙타야말로 빅토리아 여왕 재위 기간(1837~1901) 동안 대영제국 전성기의 '영광'을 위해 가장 큰 공을 세운 동물 중 하나라고 할 수 있습니다. 영국이 강력한 해군력을 바탕으로 제국을 건설했다는 사실은 두루 알려져 있습니다. 그러나 대영제국의 헤게모니를 공고히 하는 데는 바다만큼 육지도 중요했습니다. 대영제국은 러시아제국과 19세기 내내 유라시아 대륙 전체를 놓고 육상에서 치열한 경쟁을 벌였습니다. 이 영·러 간의 경쟁을 역사학자들은 그레이트 게임Great Game이라고 부릅니다. 건조한 내륙 지역에서 역축으로

서 강점을 보였던 낙타가 군에 동원된 맥락이 바로 여기에 있었습니다.[65]

특히 낙타가 수난을 겪었던 사건은 제2차 영국-아프가니스탄전쟁(1878~1880)이었습니다. 당시 아프가니스탄의 지도자 셰르 알리 칸Sher Ali Khan, 1825~1879이 반영·친러 외교를 펼쳤고, 이 과정에서 영국 외교관을 일방적으로 추방하는 사건이 발생했습니다. 이에 1878년 11월 영국령 인도 총독 에드워드 리튼 백작Lord Edward Lytton은 인도인을 주축으로 5만 병력을 동원해 아프가니스탄 침공을 단행했습니다. 이듬해 영국군은 수도 카불을 점령했고 뒤이어 아프간인들의 국소적인 반발을 차례로 진압했습니다. 결국 친영파 압두르 라흐만 칸Abdur Rahman Khan, 1844~1901이 새 국왕으로 옹립되었고, 아프가니스탄은 사실상 영국의 보호국이 되었습니다. 여기까지가 흔히 알려진 전쟁사입니다. 그렇다면 이 과정에서 낙타들에게는 도대체 어떤 일이 벌어졌던 것일까요?

영국군의 전쟁 수행을 뒷받침한 핵심 보급선은 영국령 인도의 북서부 쿠람Kurram 지역과 아프가니스탄 남부의 칸다하르Kandahar 지역을 잇는 경로였습니다. 영국인들은 이 병참선에 배치할 역축으로 여러 여건상 대규모 동원에 용이한 낙타를 낙점

했습니다. 영국군은 1879년 한 해 낙타 약 8만 마리를 인근 민가나 상인으로부터 징발하거나 구매했습니다. 또한 일정한 거리마다 일종의 역참을 설치했습니다. 애초의 계획은 보급 물품을 실은 일군의 낙타를 역참이 있는 한 지점에서 다음 지점까지만 이동시키는 것이었습니다. 그다음 지점까지는 다른 낙타들이 전쟁물자를 실어 나르고, 앞선 낙타들은 일정 기간 휴식을 취한 후 원래의 역참으로 돌아가는 식이었습니다.[66]

계획은 좋았지만 실행은 어려웠습니다. 짐을 운반하는 낙타 부대의 본 행렬은 어느 정도 관리가 되었지만, 임무를 마치고 다시 원래의 출발점으로 귀환하는 여정에 대해서는 제국의 감시망이 상대적으로 느슨해졌습니다. 이 과정에서 징발당한 낙타와 그 주인이 대오를 이탈하는 경우가 종종 발생했습니다. 무엇보다 전체 보급선상에 위치한 다수의 역참을 살뜰히 감독할 영국군 장교가 턱없이 부족했습니다. 대신 역참의 현장 관리를 맡은 인도계 실무자들은 식민 제국이 이웃 국가를 침공한다는데 굳이 열과 성을 다할 이유는 없었을 것입니다. 이에 역참에 낙타용 사료가 부족하거나 아예 없는 경우가 빈번하게 발생했습니다. 이러한 전반적인 관리 실패만으로도 이미 낙타들은 충분히 고통받고 있

〈그림 16〉 영국-아프가니스탄전쟁 중 사망한 낙타 부대의 일부.

었습니다. 그런데 겨울이 오면 상황은 말 그대로 설상가상이 되었습니다. 체계적인 돌봄을 받지 못하는 낙타 부대는 산악 지대의 혹한 앞에 궤멸에 가까운 타격을 받았습니다. 이렇게 약 8만 마리 낙타 가운데 약 6만 5,000마리가 죽거나 행방불명되었습니다.[67] 인간의 차원에서 전황은 유리하게 흘러가고 있었지만, 동물의 차원에서는 무언가 잘못되어도 한참 잘못된 것이었습니다.

## 낙타의 죽음, 인간의 책임

보급선 관리 미흡이나 혹한의 날씨를 탓하기에는 피해 규모가 너무 컸습니다. 대영제국의 군부는 심층 진상 조사에 돌입했습니다. 현장 장교들은 책임을 회피하고 싶었습니다. 그래서 낙타 탓을 했습니다. 장교들은 우선 영국군이 징집하거나 구매한 낙타들이 대부분 펀자브Punjab나 신드Sind 등의 평원 지대에서 살던 개체라는 점에 주목했습니다. 이들에 따르면, 이 평원 낙타는 산악 지대의 토종 낙타에 비해 '열등'했습니다. 실상은 이렇습니다. 서남아시아의 여러 토착민과 상인은 산지의 무역로에 동원해야 하는 산악 낙타보다는 평지 낙타를 우선적으로 영국군에게 넘겼습니다. 더욱이 영국군이 확보한 평원 낙타는 대체로 두세 살의 개체가 많았습니다. 무거운 군 보급품을 충분히 실을 만큼 자라지 못한 어린 동물이었습니다. 장교들이 내놓은 변명의 요지는 이유야 어찌 되었든 낙타들이 '부적합'하고 못나고 약하기 때문에 혹독한 전시 환경을 버티지 못하고 죽었다는 것이었습니다.

그러나 모든 장교가 이에 동의한 것은 아니었습니다. 낙타의 대량 사망 사태를 인재人災로 봐야 한다는 의견을 가진 소수의 장교들이 신중하게 목소리를 내기 시작했습니다. 낙타는 하루에 몇 시간이나 노동을 할 수 있었을까요? 당시 영국 수의학계는 낙타가 하루 평균 7~8시간 정도 짐을 싣고 이동할 수 있으며, 나머지 시간에는 적절한 휴식과 사료 섭취가 보장되어야 한다는 일종의 낙타 노동 표준을 느슨하게 제시한 바 있었습니다. 그런데 아프가니스탄의 낙타 부대는 하루 평균 12시간의 고된 노동을 감내해야 했습니다. 당시 기준으로도 과역過役으로 볼 여지가 충분했습니다.

앞서 언급했듯이, 역참의 사료 준비 상황도 형편없었습니다. 낙타가 먹을 사료가 전혀 없는 상황은 논외로 하겠습니다. 그래도 일부 역참에서는 보급선 인근 산악 지대의 현지 식물을 부지런히 베어 낙타에게 먹였습니다. 그런데 문제는 영국인들이 "부시우드bushwood"라고 통칭했던 산지 토종 식물은 평원 낙타가 제대로 소화할 수 없는 먹거리라는 사실이었습니다. 심지어 일부 풀은 독성이 있었다고 합니다. 1879년 칸다하르에서 근무한 군진 수의사 찰스 스틸Charles Steel은 낙타들의 피해가 커도 너무 크다는 점에 의구심을 느꼈습니다. 그는 죽은 낙타들을 해부해 대규모 죽음의 원인을 찾고자 했습니다. 답을 찾는 데 그리 오랜 시간이 걸리지 않았습니다. 죽은 낙타의 위胃에서 평지 낙타가 소화할 수 없는 대량의 건초가 발견되는 경우가 허다했기 때문입니다.[68]

스틸은 자신의 자랑스러운 조국이, 그리고 제국을 도와 이런 현장의 문제들을 제대로 처리했어야 할 인도인들이 이토록 낙타에게 무심하다는 사실에 통탄을 금치 못했습니다. 그레이트 게임의 최전방에서 제국의 영광을 부르짖던 자들은 낙타의 기본적인 생물학적 특징을 몰랐거나 굳이 알려고 하지 않았습니다. 전장의 환경과 보급선의 조건들이 낙타에게 어느 정도로 적응하기 어려운 것인지도 별로 관심이 없었습니다. 병에 걸린 낙타에게도 무정하기는 마찬가지였습니다. 전사한 낙타 개체 중 다수로부터 폐렴의 병변이 확인되기도 했습니다. 그러나 이들을 치료할 수의 인력은 턱없이 부족했습니다. 스틸은 대영제국이, 조금 더 정확히 말하면 영국령 인도가 낙타를 처우한 방식은 말 그대로 "학대cruelty"나 다름없다고 결론 내렸습니다.

제국은 낙타 부대에게 너무도 무심했고 매정했습니다. 물론 전쟁이라는 극한의 상황 속에서 살릴 수 있는 생명을 살려야 하며 또 실제로도 살릴 수 있다는 관점이 역사적으로 확립된 시점이 제2차 아프가니스탄전쟁으로부터 불과 20년 전인 1850년대였다는 점을 참작할 수는 있겠습니다. 여러분이 익히 아는 플로렌스 나이팅게일Florence Nightingale, 1820~1910이 인간 병사에 대해 근대적 군진 의료 및 간호 개혁을 추진했던 시기 역시나 그레이트 게임의 일환으로 발발했던 크림전쟁(1853~1856) 때였습니다. 나이팅게일 덕분에 영국군 장병의 "예방 가능한 죽음"을 획기적으로 줄일 수 있었고, 전체 사망률이 절반 수준으로 감소했다고 알려져 있습니다. 이후 19세기 후반을 거치며 동물을 대상으로 하는 군진 수의 제도도 인간을 대상으로 했던 군진 의학의 체계화를 뒤쫓아 조금씩 자리를 잡아갔습니다.[69]

대영제국이 공식적으로 군용 낙타를 운용했던 것은 제1차 세계대전이 한창이었던 1910년대까지였습니다. 수십 년 동안 낙타들은 제국을 위해 전장에 나섰고, 군수 물자를 실어 날랐고, 수난을 겪었고, 죽었습니다. 하이드 파크의 헌사가 아프가니스탄의 어느 산골짜기에서 죽어간 낙타의 넋에 위로가 되었을까요?

# 9장

*

# 동물원의 탄생

21세기를 사는 한국인에게 동물원은 어린 시절 한 번쯤 가보았을 만큼 익숙한 공간입니다. 우리는 어렴풋이 동물원의 모든 동물이 원래부터 우리나라에 살던 친구들은 아니라는 사실을 알고 있습니다. 중국이 문화적 소유권을 갖고 있는 판다는 가장 잘 알려진 사례일 것입니다. 그 외에도 해외의 더운 나라나 추운 나라에서 살던 동물들이 어떤 이유에서인지 인간의 도움을 받아 잘 맞지 않는 한반도 기후에 적응하며 살아가고 있습니다. 나름대로 동물 복지의 관점을 반영하는 동물원이라는 공간은 이국적인 동물들의 진정한 '집'을 최대한 구현한 형태로 꾸며집니다. 사파리 테마파크 같은 것을 떠올려 볼 수 있을 것입니다.

동물원이 아무리 익숙하고 자연스러워 보일지라도, 이 또한 어느 시점에 역사적으로 만들어진 것입니다. 한반도 최초의 근대적 동물원은 1909년 창경궁 내부에 일본 사람들이 지은 창경원 동물원으로 알려져 있습니다. 창경원 동물원은 1882년 도쿄에 들어선 우에노 동물원上野動物園을 모델로 한 것입니다.[70] 우에노 동물원도 이러한 동물원 제도의 원조는 아니었습니다. 일본인도 유럽인을 모방하고 학습했지요. 이 장에서는 근대 유럽의 '원조' 동물원 중 하나인 독일 하겐베크 동물 공원을 소개하겠습니다.

## 클라우스 하겐베크

클라우스 하겐베크Claus Hagenbeck, 1810~1887는 독일 북부의 주요 도시 함부르크에 살던 어부였습니다. 북해와 접해 있는 도시 함부르크에서는 예나 지금이나 어업이 중요한 산업 중 하나입니다.

1848년 어느 봄날이었습니다. 클라우스 하겐베크는 여느 때와 마찬가지로 어선을 타고 바다로 나가 조업에 열을 올리고 있었습니다. 그런데 우연히 그물에 물개 여섯 마리가 걸려들었습니다. 난감했습니다. 생선은 함부르크항 어시장에서 마음껏 사고팔 수 있었지만, 살아 있는 물개를 생선처럼 팔 수는 없는 노릇이었습니다. 그런데 또 돈이 안 된다고 신기한 물개를 그냥 방생하기에는 무언가 아깝다는 생각이 들었습니다.

클라우스 하겐베크는 고민 끝에 반신반의하며 함부르크 사람들에게 돈을 받고 물개를 전시하는 아이디어를 떠올렸습니다. 결과는 대성공이었습니다. 물개라는 생물 종을 말로만 들었지 직접 본 적은 없었던 함부르크의 시민들은 하겐베크의 전시를 특별한 이벤트로 여기며 기꺼이 지갑을 열었습니다. 하겐베크는 이후로 줄곧 어업을 주업으로 삼으면서, 부업으로 '볼거리'가 될 만한 해양 생물들을 항구로 가져와 돈을 벌 궁리를 멈추지 않았습니다.

1850년대에 이르러 클라우스 하겐베크는 본격적으로 살아 있는 동물 거래 사업에 발을 담갔습니다. 맨땅에 헤딩은 아니었습니다. 당시 서유럽의 주요 항구 도시에서는 정기적으로 동물

시장이 열리곤 했습니다. 주요 고객은 동물학자, 아마추어 수집가, 육종가 들이었습니다. 이들은 각각의 이유로 유럽 바깥으로부터 온 이국적인 동물들, 특히 조류, 원숭이, 소형 포유류, 특이한 파충류 등을 구매하고자 했습니다. 수요가 있으니 공급도 발생했습니다. 유럽의 제국주의와 식민주의가 전 지구적으로 팽창할수록 본국과 아시아·아프리카·라틴아메리카의 식민지를 연결하는 물류 네트워크도 체계화되었고, 살아 있는 동물들도 이 네트워크에 실려 유럽 땅으로 옮겨졌던 것입니다.[71]

하겐베크도 이 거대한 시장에 기대를 걸었습니다. 그는 처음에는 주로 하이에나, 주머니쥐, 열대 조류, 원숭이 등을 취급했습니다. 그런데 이러한 동물들을 다루는 다른 사업자들은 독일은 물론이고 영국과 프랑스에도 많았습니다. 경쟁이 심했던 것이죠. 결국 하겐베크는 위험하지만 희소성이 있어 수익을 극대화할 수 있는 대형동물 거래로 사업을 전문화하기로 했습니다. 이렇게 해외에서 독일로 코끼리, 사자, 북극곰 등을 들여오는 데 나름대로 명성을 쌓은 하겐베크는 머지않아 베를린과 프랑크푸르트의 동물 전시 시설과 거래선을 확립해 큰 이문을 남기게 되었습니다.

## 칼 하겐베크

클라우스 하겐베크의 동물 거래 사업이 자리를 잡은 이후인 1860년대 초반, 그의 어린 자녀들도 아버지를 돕기 시작했습니다. 장남 칼 하겐베크Carl Hagenbeck, 1844~1913는 학교를 그만두고 가업에 투신하기로 결심했고, 아버지로부터 사업 전반에 대한 교육을 받았습니다. 한편, 장녀 루이제Luise와 차녀 크리스티아네Christiane는 조류를 집중적으로 공부했고, 차남 빌헬름Wilhelm은 대형 맹수 조련법을 전문적으로 익혔습니다. 형제들이 역할을 분담했던 것입니다.

1860년대를 거치며 아들 칼은 아버지 클라우스의 사업 수완을 체계적으로 학습했습니다. 1870년대부터는 아버지를 대신해 칼 하겐베크가 집안의 동물 매매업을 도맡았습니다. 그는 지금까지의 가업을 되돌아보며 어떻게 해야 수익성을 더 높일 수 있을지 고민했습니다. 주된 손해는 동물 관리가 쉽지 않다는 점에서 비롯되었습니다. 거래가 완료되기 전이나 전시가 시작되기 전에 너무 많은 동물이 하겐베크 집안의 손안에서 죽어버렸던 것입니다.

더 큰 문제는 하겐베크 가문이 동물들을 스스로 조달하지 못한 채 다른 누군가에게 의존해야 한다는 점이었습니다. 하겐베크가 사들인 동물들은 주로 영국령 또는 프랑스령 식민지로부터 포획되어 두 제국의 네트워크를 통해 독일로 공급되었습니다. 결국 하겐베크 동물 사업은 타국의 중개상과 해외시장 상황에 휘둘릴 수밖에 없었습니다. 이러한 문제에 대해 칼 하겐베크가 내놓은 야심만만한 대책은 동물 사육 절차를 체계화하고 동시에 독자적이고 완결된 동물 공급 사슬을 구축하는 것이었습니다.

**〈그림 17〉 동물 거래 사업을 확장한 칼 하겐베크.**

시기가 절묘했습니다. 1869년 수에즈운하가 개통되며 유럽과 아프리카의 접근성이 대대적으로 제고되었습니다. 1870~1871년 철혈재상 오토 폰 비스마르크Otto von Bismarck, 1815~1898가 지휘하는 프로이센은 프랑스를 무너뜨리고 독일제국을 선포했습니다. 하겐베크는 이러한 세계사적 격변 속에서 사업을 확장했습니다. 그는 이제 독일제국의 깃발을 따라 직접 아프리카로 진출해 동물 포획과 운반에 나서게 되었습니다.

칼 하겐베크는 독일 식민지 현지의 포획자들을 대대적으로 고용했습니다. 이들 가운데는 독일제국 군인, 유럽인 전문 브로커, 하겐베크가 "반半미개인"이라고 불렀던 아프리카 토착민 사냥꾼까지 다양한 사람들이 포함되어 있었습니다. 이들은 갖가지 방법으로 오늘날의 나미비아, 르완다, 토고, 수단, 카메룬 등으로부터 코끼리, 코뿔소, 사자, 표범, 치타, 자칼, 스라소니, 원숭이, 타조, 대머리황새 등을 생포했습니다. 그리고 새로운 시대를 상징하는 근대적 교통수단인 기차와 증기선을 활용해 수에즈나 알렉산드리아로 이 동물들을 옮긴 후, 그곳에서 다시 독일로 운반했습니다. 1880년대에 이르러 하겐베크는 이 모든 절차를 장악하는 데 성공했습니다.

## 동물 포획의 현장

칼 하겐베크는 1870년대와 1880년대를 통틀어 사자 1,000마리, 호랑이 400마리, 표범 700마리, 곰 1,000마리, 하이에나 800마리, 코끼리 300마리, 기린 150마리, 영양 600마리, 낙타 300마리, 순록 150마리, 뱀 600마리 등 살아 있는 동물들을 아프리카에서 독일로 운반해 팔았습니다. 동물 공급선 전체를 완전히 장악했기에 가능한 결과였습니다. 그런데 이 많은 동물을 살려서 독일로 데려가기 위해 훨씬 더 많은 동물이 죽어야 했습니다. 하겐베크가 고용한 포획꾼들의 경험을 한번 들여다보도록 하겠습니다.

한스 도미니크Hans Dominik는 독일령 카메룬에서 근무하는 젊은 군 장교였습니다. 그는 충분치 않은 봉급을 상쇄하기 위해 코끼리를 생포해 한몫 챙기려 했습니다. 도미니크는 현지의 음벨레족 사냥꾼들을 헐값에 고용해 함께 코끼리 사냥에 나섰습니다. 길잡이 노릇을 하던 음벨레 사람들이 코끼리 무리를 발견해 도미니크를 인도했습니다.

도미니크 일행은 차례로 수컷 코끼리 두 마리, 암컷 한 마리를 총으로 쏘아 죽였습니다. 부모를 잃고 남겨진 새끼 한 마리는 충혈된 눈으로 흙을 후비며 괴로운 괴성을 내질렀습니다. 도미니크는 이 개체를 곧 포획줄로 묶었습니다. 곧 다른 무리가 발견되었습니다. 마찬가지로 먼저 어른 코끼리들의 숨통을 끊은 후 새끼 세 마리를 추가로 확보했습니다. 네 마리 가운데 한 마리는 충격에 빠진 듯 거친 숨을 몰아쉬다 그날 밤 죽었습니다. 나머지 한 마리도 포획 과정에서 생긴 상처로 밤을 넘기지 못했습니다. 이튿날 도미니크 일행은 추가로 새끼 코끼리 세 마리를 포획하는 데 성공했습니다. 결과적으로 확보한 새끼 코끼리 총 다섯 마리 중 두 마리는 운반 과정을 버티지 못한 채 영영 눈을 감았습니다. 살아서 유럽 땅에 발을 디딘 세 마리 중 하나는 하겐베크가 직접 베를린 동물원으로 보냈습니다. 이러한 뒷이야기에 크게 관심이 없거나 무지했을 독일제국 수도 베를린의 시민들은 살아 있는 코끼리의 움직임을 바라보며 감탄했습니다.[72]

## 하겐베크 혁명

1890년대와 1900년대에도 하겐베크 가문의 사업은 번창했습니다. 그런데 그의 현지 조력자들 가운데 몇몇은 유럽에서 책을 내기 시작했습니다. 대개는 동물 포획 과정의 육체적 험난함이나 잔혹함을 남성성과 무용담으로 포장해 떠벌리는 종류의 책들이었습니다. 이러한 이야기들이 조금씩 유럽과 북아메리카의 시민들 사이에서 입소문으로 퍼지기 시작했고, 그 의도치 않은 결과로 이 모든 일을 사주한 하겐베크에 대해 비판의 목소리가 터져 나왔습니다. 일례로 1902년 뉴욕 브롱크스동물원의 원장은 하겐베크로부터 코뿔소를 건네받는 협상을 진행한 바 있었습니다. 원장은 하겐베크에게 보낸 편지에서 새끼 코뿔소 네 마리를 생포하기 위해 어른 코뿔소 90마리를 죽였다는 사실을 문제 삼았습니다. 이것이 알려진다면 야생동물 전시 사업 전체에 비난이 쏟아질 것이라는 우려를 하겐베크에게 전달했습니다.

1907년 칼 하겐베크는 이러한 여론을 의식해 아예 자신만의 혁신적인 방식으로 동물원을 직접 새로 차리기로 했습니다. 오늘날에도 성업 중인 함부르크 북서부의 이 하겐베크 동물원Tierpark Hagenbeck은 근대 동물원의 원형으로 칭송받고 있습니다. 쇠창살로 상징되는 감금을 최소화하고 최대한 동물들이 원래 살던 비非유럽의 자연환경을 모방해 동물 '보호' 및 교육 전시를 위한 공간을 꾸렸던 것입니다. 동물원의 구조적 개혁은 이후 유럽과 북미의 여러 동물원에서 차용되었고, 혹자는 이러한 '열린' 동물원을 두고 '하겐베크 혁명Hagenbeck revolution'이라고까지 평가했습니다. 하겐베크는 자신이 동물들에게 낙원을 선사했다고 자평했습니다.[73]

그러나 하겐베크 동물원이 동물들에게 진정으로 낙원이 되었을까요? 동물원의 동물들이 원치 않게 낯선 환경에 끌려와 갇혀 있다는 사실에는 변함이 없었습니다. 철창 대신 해자, 나무 등 더 자연적으로 보이는 가림막들이 존재했을 따름입니다. 무엇보

〈그림 18〉 하겐베크 동물원 전경.

다도 살아 있는 동물들을 원래의 서식지로부터 분리시키고 포획하는 극한의 폭력은 한동안 계속되었습니다. 20세기를 거치며 이 과정이 식민주의·제국주의의 '비정상적인' 착취로부터 돈을 주고받아 진행되는 '정상적인' 거래로 치환되었다고 해도, 보는 관점에 따라서는 본질적인 차이가 크지 않다고 판단할 여지도 있습니다. 동물원에는 시민 교육과 동물 보호 등의 순기능이 분명히 있습니다. 그러나 동물원의 역사 이면에 어른거리는 제국주의의 그림자 또한 우리가 생각해 봐야 할 문제입니다.

# 10장

*

# 당나귀와 중국인

동물에게 친절해야 한다는 말은 좋은 말처럼 들립니다. 동물 복지나 동물권이라는 개념도 한없이 무해해 보입니다. 그러나 이 책에서 살펴보고 있는 것처럼, 동물을 사랑해야 한다는 당위는 지난 200여 년 동안 서유럽과 북아메리카의 도시에서 어디까지나 선별적으로, 또 얼마간은 임의로 구성된 관념이자 정서였습니다. 또한 3부의 앞선 장에서 확인했듯이, 구미의 현대인들은 제국주의의 역사적 흐름 속에서 맞닥뜨린 유럽 외부의 숱한 동물들에게 때때로 철저히 무정했습니다. 이러한 맥락에서 이번 장은 우리에게 익숙한 동아시아 세계로 무대를 옮겨 오려 합니다. 19세기 후반과 20세기 전반에 중국 땅을 밟았던 영국과 미국의 중산층 동물 애호가들은 중국의 동물을, 나아가 중국인들을 어떻게 바라보았을까요?

## 상하이의 영미 동물 애호가들

우선 19세기 후반에 런던이나 뉴욕 출신의 중산층 동물 애호가들이 어떻게 이역만리 중국까지 오게 되었는지 간단히 배경을 살펴보겠습니다. 여러분이 한 번쯤은 들어봤을 아편전쟁(1840~1842, 1856~1860)과 관련이 깊습니다. 만주족이 지배하던 당시의 중국, 즉 청제국은 영제국에게 패배했습니다. 패전의 결과로 1842년 상하이 시내에는 조계租界라고 불리는 특수한 구역이 탄생했습니다. 문자 그대로 조계는 '빌려준 영역'이라는 뜻입니다. 전승한 영국에게 중국 땅의 일부를 떼어 빌려주었다는 의미로 이해하면 됩니다.

영국은 자국의 조계지에서 청 조정의 통제로부터 벗어나 일정 수준 이상의 행정적·사법적 자치권을 누릴 수 있었습니다. 19세기 후반에 영국의 상하이 조계는 미국과의 협력 속에 상하이 공공 조계Shanghai International Settlement로 확대 개편되어 제2차세계대전이 종료되는 1945년까지 공식적으로 존속했습니다. 과거 공공조계와 프랑스 조계였던 지역이 바로 지금의 와이탄外灘 일대입니다. 황푸강黃浦江 강변을 따라 웅장한 19세기풍 서양식 건축물이 줄지어 서 있어 오늘날에도 관광 명소로 여전히 인기가 높습니다.[74]

본국보다 해외에서 더 나은 삶을 영위할 수 있으리라 기대한 다양한 배경의 영국인들과 미국인들이 온갖 이유로 상하이 조계로 이주해 왔습니다. 이들 중에는 런던이나 뉴욕에서 키우던 애완견과 함께 이주한 중산층 가정도 여럿 있었습니다. 이들은 동물 복지 및 보호에 감정적으로 열과 성을 다하고 싶은 사람들이었습니다. 좋은 품종의 순혈견과 거리를 산책하며 자신의 사회적 지위를 과시하고 상승욕을 충족시키고 싶은 사람들도 있었습니다. 19세기 유럽인이 대체로 그렇듯이, 이들은 인종주의적 편견을 갖고 중국이라는 낯선 땅에 왔습니다. 이 영미 동물 애호가들은 중국을 잠정적으로 동물 학대의 나라로, 중국인을 동

〈그림 19〉 상하이 조계의 회심공해.

물을 돌보고 아낄 줄 모르는 사람들로 상상했습니다. 따라서 조계의 최고 국제 사법 기구였던 회심공해會審公廨, Mixed Court가 구성될 때, 이 법정을 통해 구미의 법적·윤리적 기준으로 동물 학대에 대한 심판과 처벌이 가능하도록 제도를 마련했습니다.[75]

## 청나라 사람들의 동물 보호 관념

정작 회심공해에서 동물 학대와 관련된 재판이 거듭될수록, 상하이의 영국인과 미국인은 자신들의 편견만큼 중국인이 동물 학대 문제에 무관심하지 않다는 점을 인지하게 되었습니다. 나아가 중국인은 자신들의 전통 사상에 입각해 구미와는 다른 방식으로 동물 보호를 개념화하고 있었습니다. 영미 동물 애호가들의 눈길을 끈 관념으로는 불교의 인과응보retribution나 업보karma 등이 있었습니다.[76] 상하이 조계지 안팎에는 몇몇 방생지放生池가 있었습니다. 중국 사람들은 불필요한 살생을 금기시하며 이러한 연못에 물고기들을 풀어주곤 했습니다. 1870년대 어느 여행가가 남긴 문헌에 따르면, 하루는 큰 자라 한 마리가 방생지로 침입해 들어와 물고기들을 먹어치우는 일이 벌어졌습니다. 보고를 받은 지방 관리는 자라를 죽이지 않고 잡아 인근 강에 방생했습니다. 여행가는 이 사건을 이채롭게 받아들였고, 중국인의 행위 동기에 불교적 사상이 내재해 있다는 기록을 남겼습니다.[77]

이뿐만이 아닙니다. 중국 문화에 대한 인종주의적 편견을 넘어 더 깊은 이해를 추구했던 몇몇 영국인과 미국인은 중국인 엘리트들이 유학儒學의 전통에 입각해 동물에 대해 측은지심惻隱之心을 견지하려 했다는 사실을 포착하는 데까지 나아갔습니다. 핵심적인 전거는 『맹자孟子』에 등장하는 맹자와 제齊나라의 선왕宣王

사이의 대화에서 찾을 수 있었습니다. 당시 제나라에서는 살아 있는 동물을 희생 제물로 삼아 하늘에 제사를 지내던 풍습이 있었습니다. 그런데 어느 날 선왕은 제사를 위해 끌려가는 소를 목격했습니다. 선왕은 신하에게 다음과 같이 명령했습니다. "놓아주어라. 두려워 벌벌 떨며 죄 없이 사지로 나아가는 소의 모습을 차마 볼 수 없구나." 그러자 신하는 희생 제물 없이 어떻게 제사를 지내야 하는지, 혹시 왕의 뜻이 제사를 폐하는 데 있는지 물었습니다. 선왕은 제사는 계속하되 제물을 소가 아닌 양으로 바꾸라고 지시했습니다.[78]

소는 안 되지만 양은 죽어도 되는 이유가 무엇이었을까요? 맹자는 선왕이 '인仁'을 실천하는 결정을 내렸다며 높이 평가합니다. 맹자는 선왕이 소의 고통과 두려움은 직접 봤지만 양의 희생은 그렇지 않다는 것을 강조합니다. 제사라는 널리 받아들여지던 관행을 극단적으로 폐지하고 보편적으로 모든 동물 살리겠다는 막연한 이상론을 설파하기보다는, 당장 내 눈앞에서 고통받는 존재에게 어진 마음을 다하는 윤리를 맹자는 이야기한 것입니다. 청말 중국인 엘리트들은 과도한 노역에 시달리는 당나귀에게, 또는 오락용 투실솔鬪蟋蟀이나 투계鬪鷄에 혹사당하는 귀뚜라

미나 닭에게 맹자의 관점에서 자비를 베푸는 경우가 종종 있었습니다. 화살이나 각종 장식품 제작에 쓰이는 깃털 수급에 동원되는 조류에 대해서도 마찬가지였습니다.

영미 동물 애호가들이 보기에도 나름의 동물 보호관을 가진 청나라의 상류층 인사들의 행동은 마땅히 존중할 만했습니다. 이들은 영국동물학대방지협회RSPCA나 미국동물학대방지협회ASPCA와 그 궤를 같이하는 상하이동물학대방지협회SSPCA를 창립했습니다. 협회는 주로 배우자를 따라 낯선 중국 땅에서 생활하게 된 영미 중산층 여성들이 동물 보호라는 공통의 가치를 중심으로 뭉친 사교 모임에 가까웠습니다. 이들은 마음이 맞는 중국인 엘리트들을 적극적으로 모임에 초대하기도 했습니다. 동물을 사랑하는 마음을 공유하는 영국, 미국, 중국의 엘리트들은 동물을 툭하면 학대하는 중국인 하층민들에 대한 혐오의 감정도 공유했습니다. 의기투합이 가능했습니다. 동물 복지라는 큰 틀 속에서는 구미인과 중국인은 서로 간에 생각이나 정서의 차이가 의외로 크지 않다는 사실을 발견했던 것입니다.[79]

## 상상된 상종 불가능성

상하이 조계에서의 이러한 밀월 관계는 그리 오래가지 못했습니다. 1900년을 전후로 구미 열강과 청국 사이의 지정학적 격차가 더욱 벌어졌다는 것이 주요한 요인이었습니다. 청은 사실 19세기 말 외세에 지속적으로 밀리고 있었습니다. 청 조정은 나름대로 양무운동洋務運動으로 대표되는 근대화·서구화 개혁을 추진했지만, 1884~1885년 청불전쟁과 1894~1895년 청일전쟁에서 잇달아 패전하고 말았습니다. 중국의 국운은 나날이 쇠해졌습니다. 이러한 흐름에 정점을 찍은 것이 1900년 의화단운동義和團運動이었습니다. 1899년부터 "청 조정을 도와 서양 세력을 멸한다扶淸滅洋"라는 구호를 앞세운 비밀결사 의화단이 흥기해 갖가지 배외拜外 활동을 전개했습니다. 이에 영국, 프랑스, 독일, 러시아, 미국, 일본, 이탈리아, 오스트리아가 연합군을 꾸려 의화단과 이 단체를 지원한 서태후의 조정에 대한 군사적 반격에 나섰습니다. 결국 1900년 8월 수도 베이징이 함락되는 초유의 사태가 벌어졌습니다.

청의 국제적 위상이 급격하게 추락하자 구미인과 중국인 사이에 형성되었던 동물 보호라는 일종의 "공통 기반common ground"

도 흔들리기 시작했습니다. 조금 거칠게 말하면, 이제 구미인은 굳이 중국인 엘리트와 우호적인 관계를 맺을 필요도 없고, 그들 나름의 동물 애호에 대한 관념을 애써 공부하고 존중하기 위한 노력을 기울일 정치적 필요도 없어진 것입니다. 상하이의 영미 동물 애호가들과 상하이동물학대방지협회는 더 과감하게, 중국인과 중국 문화에 대한 배려 없이 동물 학대 문제를 처리하기 시작했습니다. 조계의 치외법권을 적극 활용해 서슴없이 법적·윤리적으로 중국 사람을 낮추고 동물을 드높였습니다. 구미인들은 '함부로' 비둘기의 깃털을 뽑은 중국인에게 가혹한 형벌을 가했습니다. 이들은 전후 맥락 없이 과역에 시달리고 있는 것처럼 보이는 물소를 그 축주畜主인 중국인 농민의 손으로부터 강제로 '구출'하는 데 성공했다고 자화자찬했습니다. 동물의 권리는 보호되었을지 모르지만, 중국 사람들의 권리는, 더 나아가 중국이라는 국가와 민족의 주권은 명백히 침해되었습니다.[80]

역사학자 마크 스위슬로키Mark Swislocki는 19세기 후반 상하이 조계에서 구미인과 중국인 엘리트 사이에 형성되었던 동물 보호라는 "공통의 기반"이 20세기 초에 급격히 붕괴된 이후 서양과 중국 사이에 "상상된 상종 불가능성imagined irreconcilability"이 새로

이 구성되었다고 주장합니다. 조계 내 구미인들 사이에서 중국인에 대한 부정적 여론이 강화되면서, 점점 중국인은 엘리트든 일반 대중이든 영미 동물 애호가들과 동물 보호라는 공통의 가치를 공유하지 않는, '상종'할 수 없는 '타자'로서 재인식되기 시작했습니다. 20세기 전환기 상하이의 유럽인들은 이제 "중국 인종 전체Chinese race as a whole"가 "동물의 복지를 도외시한다disregard for the welfare of animals"라고 결론을 내렸습니다. 이처럼 역사적으로 동물 복지와 동물 애호라는 가치는 서구 중심주의 및 식민주의·제국주의의 논리와 긴밀히 연계되어 비유럽 세계로 확산되어 갔습니다. 중국과 마찬가지로 동아시아에 속하는 우리 한국인도 관심을 가질 만한 역사인 것입니다.[81]

# 11장

*

# 돌봄 식민주의

필리핀은 1898년부터 1946년까지 미국의 식민 지배를 받았습니다. 미국은 1898년 스페인제국과 전쟁을 치른 후, 스페인 식민지였던 푸에르토리코, 괌, 필리핀 등을 점령했습니다. 또 다른 스페인 식민지였던 쿠바도 미국-스페인전쟁의 여파 속에서 공식적으로 독립을 쟁취했지만, 사실상 미국의 강력한 통제를 받는 종속국이 되었습니다. 이렇게 20세기의 개막과 더불어 미국은 명실공히 영국, 프랑스, 독일 등 유럽 제국주의 열강들과 어깨를 나

란히 하는 강대국으로 거듭났습니다. 필리핀은 당시 미국의 공식·비공식 식민지 가운데 유일하게 아시아에 위치해 있었습니다. 아메리카 대륙에 위치한 본국과 태평양을 끼고 멀리 떨어져 있었던 것입니다. 규모 면에서도 필리핀은 다른 식민지보다 훨씬 더 방대했고, 문화적으로도 이질적이고 다층적인 공간이었습니다. 이러한 필리핀을 식민 통치한다는 일은 신흥 강국 미국으로서도 결코 쉽지 않은 도전이었습니다.[82]

미국의 대외 팽창사가 동물의 역사와 무슨 관련이 있는지 의아해하는 독자분들도 있을 것 같습니다. 앞서 10장에서 살펴본 중국의 사례는 조계지라는 반半식민지 공간에서 발생한 일들이었습니다. 이번 장에서는 구미의 동물 애호 개념이 완전한 식민지였던 미국령 필리핀에서 어떻게 역사적으로 전개되었는지 살펴보려고 합니다. 결론부터 말하자면, 동물 복지는 미국이 필리핀을 지배하는 데 활용한 도구이자 이데올로기였습니다. 식민 지배자들이 필리핀 사람들에게 유포한 동물을 보호하고 돌보아야 한다는 당위는, 곧 동물을 고통으로부터 해방시키기 위해 필리핀 사람의 자유를 제약하고 미국이 이들을 정치적·사회적·도덕적으로 지배해야 한다는 논리로 이어졌습니다.

## 동물과 '감시와 처벌'

혹시 윌리엄 하워드 태프트William Howard Taft, 1857~1930라는 이름이 기억나는 독자분들이 있을지 모르겠습니다. 중고등학교 시절 국사 시간에 1905년 가쓰라-태프트 밀약이라는 사건을 공부한 적이 있나요? 일본의 총리 가쓰라 다로桂太郎, 1848~1913와 미국의 전쟁부 장관 태프트가 만나 일본의 조선 지배와 미국의 필리핀 지배를 상호 용인하기로 한 밀약이었습니다. 이 태프트라는 인물의 직전 경력이 필리핀 총독이었습니다(재임 1901~1903, 참고로 태프트의 전임 필리핀 총독은 우리가 아는 맥아더 장군의 부친 아서 맥아더였습니다). 태프트는 훗날 이러한 정치 활동을 바탕으로 미합중국 제27대 대통령(임기 1909~1913)에 선출되기도 했습니다.

그런데 태프트는 필리핀의 사람과 동물을 두고 다음과 같은 발언을 남겼습니다. "이 [필리핀] 사람들에게 자치할 능력이 있다는 생각은 근거가 없다. … 이들은 상황에 따라 동물들을 학대하며 또 자신의 동족을 학대한다. 이들이 앵글로색슨의 자유가 무엇인지 깨닫기까지는 족히 50년 또는 100년의 훈육 기간이 필요할 것이다."[83] 태프트를 비롯해 그와 함께 근무했던 필리핀의

〈그림 20〉 필리핀에서의 윌리엄 하워드 태프트.

미국 식민 관료들은 동물 애호를 필리핀인들에게 향후 수십 년간 가르쳐야 할 책임이 자신들에게 있다고 여겼습니다. 그리고 그 '훈육'이 완료될 때까지 필리핀인들에게 정치적 자치와 독립을 허용할 수 없다는 입장이었습니다. 한마디로, 동물에 대한 사랑도 식민주의의 대표적인 정당화 논리인 문명화 사명론civilizing mission의 일부였던 것입니다.[84]

1902년 2월 수도 마닐라에서 미국 식민 당국은 '동물학대방지조례'를 제정했습니다. 이 조례는 필리핀인들을 잠재적 동물학대범으로 간주하며 이들에 대한 감시와 처벌을 합법화했습니다. 이 조례에 저촉되는 필리핀인들에게는 최대 100달러라는 과태료가 부과될 수 있었으며, 심각한 경우 최대 6개월의 금고형에 처해질 수도 있었습니다. 1905년에는 식민 당국의 비호를 받아 필리핀동물학대방지협회PSPCA가 설립되었습니다. 필리핀동물학대방지협회는 민간 시민 단체였음에도 동물학대방지조례를 집행하는 준경찰 조직으로서 활동하기 시작했습니다. 협회는 "동물의 고통을 완화하고 동물의 복지를 향상하기 위해" 필리핀 사람들을 상대로 수사, 체포 등의 행위를 자행했고 자체적으로 벌금을 징수해 협회 운영비로 유용했습니다.[85]

일제강점기 우리나라의 역사적 경험에 빗대어 말하자면, 재조선 일본인들이 동물 복지 단체를 조직했는데, 이 단체가 조선총독부와 일본 순사의 묵인 아래 경성 한복판에서 조선인들을 상대로 동물 보호법을 다소 자의적으로 집행하는 상황을 상상해 볼 수 있습니다. 제국과 식민지의 맥락에서 동물을 돌보고 아낀다는 가치는 종종 제국의 식민자colonizers만이 독점한 것으로, 피식민자the colonized는 향유하지 않거나 못하는 것으로 해석되었습니다. 따라서 동물 복지는 자유주의, 민주주의, 자본주의 등과 더불어 식민자가 피식민자에게 가르쳐 주어야 할 '훌륭한' 덕목 가운데 하나로 작동했습니다. 이러한 식민주의적 '가르침'은 온정주의적으로 설파되기도 했지만, 피식민자의 반응에 따라 극도의 감시와 처벌을 수반하기도 했습니다.

## 개고기와 이고로트족

필리핀은 약 7,600개의 크고 작은 섬으로 이루어진 나라입니다. 이 수많은 섬에 약 180개의 민족이 살아가고 있습니다. 필리핀의 다양성은 미국 통치자들에게도 큰 어려움을 안겨주었습니다. 앞서 살펴본 것처럼, 미국인들은 필리핀 사람들을 싸잡아 동물을 아끼고 돌볼 줄 모르는 사람들로 규정했습니다. 그런데 몇몇 소수민족은 특히나 더 미국인들을 불편하게 만들었습니다.

필리핀 군도 최대의 섬 루손의 산악 지역에 주로 모여 살던 이고로트족Igorot도 그러한 토착 민족 중 하나였습니다. 이들은 민족 축제 때 개고기를 먹는 풍습이 있었습니다. 험준한 산지의 정글에서 고난도의 수렵 활동을 위주로 생계를 유지했던 이고로트족 사람들은 특별한 날에 개의 영혼을 숭배한 뒤 개고기를 구워 먹으며 기력을 회복했다고 합니다. 또 개의 신체 일부를 민간 치료법에 입각해 활용했습니다.

미국인들은 이고로트족의 개를 잡는 풍습을 문제 삼으며 금지시키려 했습니다. 여러 동물 가운데 유독 강아지들이 특별한 돌봄을 받아야 했기 때문이라기보다는 광견병을 통제해야 한다는 식민 보건 당국의 관심사 때문이었습니다. 식민 정부는 이고로트족의 개고기 문화를 거리낌 없이 야만성barbarism과 등치시켰습니다. 루손의 모든 시장에서 개를 사고파는 행위를 전면 금지시켰고, 이를 어기는 사람에게는 벌금을 부과했습니다. 그러나 몇몇 민간 미국인은 이고로트 사람들이 당국의 눈을 피해 몰래 개고기를 매매하고 있으며, 벌금이 지나치게 적기 때문에 이러한 '악습'이 뿌리 뽑히지 않고 있다고 비판했습니다.

이러한 필리핀의 상황은 미국 본토까지 전해졌습니다. 매사

추세츠동물학대방지협회MSPCA는 1920년 기관지 《우리의 말 못하는 동물들Our Dumb Animals》에 다음과 같은 글을 발표했습니다. "개들은 먹히기 위해 팔려 나간다. 이러한 관습은 결단코 야만적인 행위savagery와 다르지 않으며, 한 사람이나 민족은 그 발전의 정도와 관계없이 반드시 이를 없애야만 비로소 독립과 자치에 적합하다고 간주될 것이다."[86]

우리나라에도 개고기 문화가 존재합니다. 과거 프랑스의 국민 배우 브리지트 바르도Brigitte Bardot가 개고기 문화를 이유로 한국을 '야만국'으로 규정했다는 점은 주지의 사실입니다. 오늘날 한국인 중에도 개를 먹는 행위에 반감을 갖는 사람이 많을 것입니다. 그러나 개고기 문화를 반대한다고 말하는 것과, 개고기 문화를 갖고 있는 사람들을 그렇지 않은 사람이 윤리적으로 마음껏 재단하며 '계몽'해야 한다고 주장하는 것은 전혀 다른 이야기입니다. 후자는 인종주의적·식민주의적 발상입니다. 이러한 과오를 저질렀던 것이 비단 바르도만은 아니었습니다. 그보다 훨씬 이전에 식민지 필리핀의 소수민족을 '야만화'했던 미국이 있었던 것입니다. 역사적으로 동물 보호와 제국주의는 얼마든지 연동될 수 있었습니다.

## 투계와 야구

동물을 둘러싼 미국 식민자와 필리핀 피식민자 사이의 충돌이 발생한 또 하나의 사례로 투계cockfighting의 문제를 꼽을 수 있습니다. 미국이 식민 통치를 시작하기 전부터 필리핀 사람들 사이에서는 투계가 널리 성행하고 있었던 것으로 보입니다. 특히 조상이나 성인聖人을 기리는 제사와 축제 때 필리핀 사람들은 하나의 의례이자 스펙터클로 투계를 즐겼습니다. 각계각층의 많은 사람이 모이는 투계장은 자연스럽게 정보 교류의 장이자 문화적 동질성이 고양되는 공간으로서 기능했습니다. 간혹 작은 닭이 덩치 큰 닭을 이기는 '명경기'라도 펼쳐질 때면 흥분한 사람들은 오래도록 서로 이야기를 주고받았습니다. 이들은 닭에 스스로를 투영해 약소민족에게도 불굴의 정신만 있으면 꺾이지 않을 수 있다는 의지를 다졌을지도 모릅니다. 훗날 필리핀 작가 앙헬 랜상Angel Lansang은 이처럼 다양한 문화적 의미를 지닌 투계 관행을 옹호하며 다음과 같이 주장했습니다. "어찌 되었든 투계는 용맹한 조상들이 우리에게 물려준 소중한 유산이며 그 전통은 우리 피 속에 새겨져 있다. 우리의 국민 스포츠를 우리나라의 상징으로 만들어 나가야 한다."[87]

그러나 이른바 '서양 물'을 먹은 필리핀 엘리트들의 생각은 조금 달랐던 모양입니다. 필리핀 민족주의 운동 1세대 지도자이자 '국부'로 추앙받는 호세 리살José Rizal, 1861~1896은 자신의 대표작 『나를 만지지 마라Noli Me Tángere』에서 투계에 탐닉하는 동포들을 다음과 같이 비판했습니다.

"투계는 … 우리 [필리핀] 사람들의 악덕 가운데 하나다. 심지어 중

〈그림 21〉 필리핀의 투계.

국인들의 아편보다 심각하다. 가난한 자는 일하지 않고 돈을 벌기를 바라며 투계장으로 가서 그나마 가진 것을 탕진한다. 부유한 자는 잔치를 벌이거나 필요한 인력을 사고 남은 돈으로 머리를 식히기 위해 투계장으로 향한다. [아무리 돈이 많더라도] 그가 내기에 거는 돈은 어쨌든 그 사람의 귀한 돈이다. 또한 그는 지나치게 세심하게 관리해 온 투계용 닭을 데리고 투계장으로 온다. 아마도 그는 자기 아들보다도 닭을 더 많이 돌보았을 것이다. 그리고 그 아들은 훗날 제 아비가 다니던 투계장을 찾게 될 것이다."[88]

필리핀 독립전쟁의 영웅이자 필리핀의 초대 대통령인 에밀리오 아기날도Emilio Aguinaldo, 1869~1964도 리살의 견해에 동의했습니다. 그는 투계가 필리핀의 독립에 정치적·윤리적으로 방해가 되는 문화라고 생각했습니다. 아기날도는 투계를 필두로 모든 도박 문화가 "다른 무엇보다도 필리핀 범죄의 원흉"이라고 공개적으로 비난했습니다.[89]

이처럼 필리핀 사람들 내부에서도 논쟁적이었던 투계 문화가 미국인들의 눈에 곱게 보였을 리 없습니다. 미국 식민 당국은 리살이나 아기날도의 말을 자신들의 입맛에 맞게 활용하며 도박

판에서 요행만 바라는 필리핀 사람 특유의 '게으름'과 '운명론적 세계관'을 부각시켰습니다. 이에 더해, 미국인들은 필리핀인들이 동물을 이용해 잔혹하고 유혈이 낭자하는 '야만'적인 스포츠를 즐긴다는 점을 문제 삼았습니다. 이러한 인식들이 모여 필리핀인들은 독립과 자치를 누릴 자격이 없는 민족이라는 식민주의적 편견을 한층 더 강화시켰습니다.

한편, 동물학자이자 미국 식민 정부 관료로 일했던 딘 우스터Dean Worcester는 투계를 폐지하기 위해 필리핀에 야구를 보급해야 한다고 주장해 동시대인들의 이목을 끌었습니다. 우스터에 따르면, 너무나 '필리핀스럽고' 동물 학대적이며 도박적인 투계라는 악습을 근절하려면 정반대의 활동, 즉 '미국적'이고 심신을 단련시킬 수 있고 정정당당하고 건전한 스포츠인 야구를 필리핀 사람들에게 가르치는 수밖에 없다고 믿었습니다. 우스터는 언젠가 필리핀에서 투계 문화가 자취를 감추고 야구 문화가 뿌리내리는 날이 온다면, 그것은 분명 "문명의 승리triumph of civilization"의 징표일 것이라 주장했습니다.[90]

상황이 이러했다면, 식민지 필리핀 사람들의 입장에서 동물을 사랑하고 돌봐야 한다는 '미국식' 당위는 본연의 긍정적인 취지와 별개로 식민 지배의 정당화 논리로 기능했다고 볼 여지가 큽니다. 제가 굳이 어려운 말로 개념을 하나 제안해 보자면, 일종의 '돌봄 식민주의care colonialism'가 펼쳐진 것입니다. 동물을 돌보는 능력의 유무가 식민 지배의 필요 여부와 긴밀히 연결되어 있었습니다. 문제는 필리핀 사람들이 어떻게, 얼마나 동물들에게 잘해줘야 미국인 지배자들의 성에 찰 수 있는가였습니다. 미국인들은 할 수만 있다면 언제까지고 "아직 필리핀 사람들은 충분히 준비되지 않았다"라거나 "아직 충분히 앵글로색슨화되지 못했다"라고 말하고 싶었을 것입니다. 일본 제국이 천년만년 조선을 식민 지배하길 바랐던 것과 마찬가지로 말입니다. 이러한 돌봄 식민주의의 역사는 오늘날 우리 스스로도 '동물 사랑'을 앞세워 일부 '다른' 인간을 혐오하고 비하하고 있지는 않은지 면밀히 되돌아볼 필요성을 제기하고 있습니다.

나오며

# 더 큰 사랑, 더 큰 책임을 위해

지금까지 독자 여러분과 저는 '동물사'를 실천해 보았습니다. 다시 말해, 비인간 동물의 삶, 나아가 인간과 동물의 관계 맺음을 21세기 한국이라는 '지금, 여기'를 너머 다양한 시공간의 맥락 속에서 살펴본 것입니다. 이제 '우물 밖'의 '레퍼런스' 여행을 마치고, 다시 '우물'로 돌아와 지금까지 우리 각자가 머리와 가슴에 품었던 동물을 사랑하는 마음에 대해 반성적으로 되돌아볼 시간입니다. 우리는 구체적으로 어떻게 우리 곁의 동물을 '사랑'해 왔나요?

각자의 대답은 물론 다를 수밖에 없을 것입니다. 그럼에도 가능성이 높은 패턴을 몇 가지 일별할 수 있을 것 같습니다. 우선, 어쩌면 우리는 동물을 사랑한다고 말할 때 비인간 동물 전체를 염두에 두지는 않았을 공산이 상당히 큽니다. 예를 들어, 개는 좋지만 고양이는 싫을 수도 있고요. 개는 사랑하지만 쥐는 혐오할 수도 있습니다. 개 중에서도 나의 개는 사랑하지만 '남의 개'와 그 견주인 '타인'에 대해 극도로 부정적인 감정을 품고 있을지도 모르겠습니다. 반려동물 외에 산업동물, 실험동물, 야생동물의 생애에 크게 관심을 기울이지 못한 분들도 있을 것입니다.

우리는 '동물 전체'를 적어도 '본능적'으로 사랑하고 있지는 않은 것 같습니다. 그렇다면 일반명사 '동물'은 함정입니다. 이 말은 인간도 동물이라는 점을 너무 자주 은폐합니다. 또 나머지 비인간 동물에 대한 성급한 일반화를 야기합니다. 동물사의 교훈 가운데 하나는 아마도 '동물을 사랑하라'라는 당위를 당연시하기 전에 '동물'이라는 말과 실재의 내적 다양성을 더 섬세하게 이해하라는 메시지가 될 것입니다.[91]

한 걸음 더 들어가 보겠습니다. 이제 우리는 '동물 일반' 또는 '비인간 동물 전체'를 개, 고양이, 쥐, 젖소, 낙타 등으로 구분해 각각의 종이 인간의 세계 속에서 점유한 역사적·현재적 삶과 위치를 가늠할 수 있게 되었다고 가정합시다. 우리는 그럼에도 여전히 '종'이라는 집합적 개념의 착시효과에 속고 있는 것은 아닐까요? 우리의 한없이 부족한 마음에 개라는 종 전체를 같은 마음으로 원 없이 사랑할 수 있는 능력이 과연 존재할까요? 우리는 기껏해야 어쩌다 우리 삶에 들어온 특정한 강아지 한 마리, 고양이 한 마리를 사랑할 능력밖에 없는지도 모릅니다. 종 단위가 아닌 개체 단위로 동물을 보고 감정을 이입할 수 있을 때, 일상적인 뉴스가 조금은 더 아프게 들릴 수도 있습니다. 구제역이나 조류독감이 유행할 때 수만 마리의 가축과 닭 개체는 실제 감염 여부와 무관하게 살처분됩니다.[92] 이 생명들 하나하나와 우리 집 반려동물 한 마리를 동등하게 사랑할 수 있는 사람이 몇이나 있을까요? 이처럼 인간이라는 동물이 다른 동물을 사랑하고 보호할 수 있는 능력은 한없이 미약하기만 합니다. 동물사는 동물 애호의 '당위'에 앞서 우리의 정서적 역량에 대한 겸손한 메타 인지가 중요할 수도 있다는 메시지를 전합니다.[93]

더불어 동물사는 동물에 대한 사랑만큼이나 인간에 대한 사랑을 고민하게 합니다. 동물사 속에는 어떤 동물을 높이기 위해

'다른' 사람을 낮추는 데 거침없었던 많은 '나'와 '우리'가 존재합니다. 예외가 없지 않겠지만, 대부분 그러한 '나'와 '우리'도 괴로웠기에 그랬을 것입니다. 그래서 눈앞에 있는 동물의 고통에 더 집착했을 것이고, 손쉽게 지목한 그 고통의 원인과 연루된 타인들을 단죄했을 것입니다. 그러나 아무리 동물의 처우가 기껏해야 선택적으로 개선된다고 한들, 동물에게 '죄'와 '부정의'를 일삼는 몇몇 사람에게 '단죄'와 '정의'를 실현한다고 한들, 우리에게 '유토피아'나 '구원'은 오지 않을 것입니다. 우리 마음에 '구원'은 오지 않을 것입니다. 동물이나 인간을 대상으로 하는 사랑과 혐오라는 우리의 감정을, 더 나아가 우리의 존재 자체를 스스로 더 잘 돌아보고 가꾸고 돌보아야 할 것 같습니다. 더 국소적이고 선별적인 사랑보다는 더 크고 보편적인 사랑을 희구해야 할 것 같습니다.

끝으로 동물사는 동물의 행위 능력agency만큼 인간의 책임을 이야기합니다. 동물사는 과학사 및 환경사와 더불어 기존 정치사, 경제사, 사회사, 문화사, 도시사의 인간 중심적인anthropocentric 연구 지형에 비인간적인 변수를 강하게 기입하는 역사학 분과임에는 틀림없습니다. 이 과정에서 동물사는 어떻게 동물들이 인간 세계를 정의했고 떠받쳤고 조건 지었고 제한했고 변화시켰는지 보여줍니다. 동물의 역사적 실존과 역량은 인간이 쉽게 무시할 대상이 아니었던 것입니다.

그러나 행위 능력의 측면에서 동물을 높이고 인간을 낮추는 것이 인식론적으로는 매력적이지만, 실존적·윤리적으로는 오류일 수 있다고 저는 생각합니다. 인간과 다른 동물에게 해를 가하는 역사적 구조를 만들었던 책임은, 이를 극복하고 더 호혜적인 다생물종multispecies 공동체를 만들어 나갈 결단과 책임은, 인간과 다른 동물이 나눠서 질 수 있는 성질의 것이 아닙니다. 그 책임은 비대칭적으로 인간 쪽에 더 무겁게 주어지는 것이라고 생각합니다. 비인간 동물을 더 가시화하고 지구 공동체의 미래를 위한 일종의 '공론장'에 끌어들이는 노력은 너무나도 필요합니다. 그러나 궁극적으로 더 무해한 인간-동물 관계, 여러 생물종에게 더 살 만한 공통의 보금자리co-habitat를 만드는 일은 인간이 결자해지해야 할 몫이 큽니다.[94]

다양한 동물과 생명에 대한 사랑을 사랑으로써 더 잘 설득하기 위해, 그들의 삶을 사랑으로써 더 잘 책임지기 위해 동물과 사람에 대한 애증을 폭넓게 이해해 보려는 노력이 동물사의 핵심적인 문제의식 가운데 하나라고 생각합니다. 이 책을 계기로 '지금, 여기'에 있는 독자 여러분이 더 큰 사랑과 책임을 고민할 수 있기를, 앞으로 여러분과 더 흥미롭고, 쉽게 들어본 적 없고, 가슴 저리는 동서고금의 동물과 사람의 이야기를 나눌 수 있기를 고대합니다.

## 감사의 말

이 책은 하버드대학교 과학사학과 박사 과정 시절의 제 은사님 중 한 분인 재닛 브라운Janet Browne 선생님과의 대화에서부터 시작되었습니다. 저는 당시 현대 중국 농업과학사 연구에 뜻을 품고 이런저런 공부를 하고 있었습니다. 그런데 적절한 연구 방향을 설정하는 데 애를 먹고 있었습니다. 그때 브라운 선생님께서 제가 사안을 지나치게 식물 위주로, 더 정확히는 농작물을 중심으로 생각하고 있는 것 같다고 지적하시면서, 가축을 한번 살펴보라고 권유해 주셨습니다. 이 대화가 계기가 되어 한 학기 동안 일대일 강독 수업의 형식으로 동물사 전반의 주요 저작을 선생님과 함께 공부하는 호사를 누렸습니다. 이렇게 선생님께서는 동물사를 포괄하는 동물 연구animal studies라는 또 하나의 거대한 지적 생태계로 저를 인도해 주셨습니다. 이 책의 근간은 대부분 브라운 선생님과의 강독과 그로부터 촉발된 동물사에 대한 저의 관심으로 이루어진 것입니다. 비록 한국어를 직접 읽을 수는 없으시지만, 책 곳곳에 선생님과 함께한 공부와 고민, 추억이 녹아 있다는 점에서 브라운 선생님은 제 첫 번째 독자이십니다. 사은에 진심으로 감사드립니다.

책의 집필과 출간을 독려하고 물심양면으로 지원해 주신 포스텍 인문사회학부 동료 교수님들인 강명훈 선생님, 권수옥 선생님, 김기흥 선생님, 김대현 선생님, 김명수 선생님, 김민정 선생님, 김원규 선생님, 김준홍 선생님, 김지윤 선생님, 김진희 선생님, 박상준 선생님, 배영 선생님, 백지혜 선생님, 서지현 선생님, 우정아 선생님, 이충형 선생님, 조동완 선생님, 한광석 선생님께도 깊은 감사의 뜻을 전하고 싶습니다. 특히 박상준 선생님께서는 포스텍 융합문명연구원을 이끄시며 이 책이 포함된 '과학문명담론총서'를 기획해 주셨고, 부임한 지 얼마 되지 않은 불초한 저에게 과분하게도 책의 집필을 제안해 주셨습니다. 권수옥 선생님, 우정아 선생님, 김진희 선생님께서는 학부와 연구원의 중임을 맡아주신 가운데 책의 완성까지 격려를 아끼지 않으셨습니다. 이충형 선생님, 김기흥 선생님과는 앞으로도 함께 포스텍 과학기술학 프로그램을 운영하며 과학기술과 비인간 동물의 관계에 관해 흥미로운 논의를 이어갈 수 있기를 고대합니다. 서지현 선생님, 김대현 선생님, 강명훈 선생님께도 특별한 사의를 표하고 싶습니다. 세 분 선생님이 안 계셨다면 제 포항 살이가 훨씬 더 단조로웠을 것입니다.

『벌거벗은 동물사』는 한성봉 대표님, 이종석 편집자님, 박일귀 편집자님을 비롯한 동아시아 출판사의 여러 선생님의 유능한 손길을 거쳐 꼴을 갖출 수 있었습니다. 감사합니다. 개인적으로는 『리센코의 망령』 이후 두 번째로 동아시아 출판사와 작업할 수 있어 괜스레 마음이 편했고 또 매 순간 즐거웠습니다.

끝으로 가족들에게 사랑과 감사의 마음을 전하고 싶습니다. 저의 첫 반려동물 동생인 그린이와의 추억, 예전처럼 자주 만나지 못해도 한결같이 숨넘어갈 듯 반겨주는 다솜이, 이제는 점점 노견이 되어가는 다솜이를 극진히 살펴주시는 어머니 양현혜 선생님이 계셔서 집으로 돌아가는 길이 언제나 행복합니다. 여러 동물에 다정한 관심을 갖는 일에 관한 한 저를 월등히 능가하는 제 아내 예원이 곁에 있어 집필의 동력을 유지할 수 있었습니다. 그 누구보다 예원이에게 이 책이 재미있게 읽히기를 희망합니다. 처가댁 식구들께도 항상 감사하는 마음을 갖고 있습니다. 사위의 책을 꼼꼼히 통독해 주시는 장인어른 김원배 선생님, 반찬통에 일용할 양식과 사랑을 가득 담아주시는 장모님 박영혜 선생님, 제 삶에 유쾌한 에너지를 불어넣어 주는 처제 지원, 동서 학현, 처남 종혁, 강아지 막내 처남 백운 덕분에 원주가 제게 또 하나의 집이 되었습니다. 다른 가족을 위해 그 누구보다 돌봄, 헌신, 희생을 감내하신 소중한 이모님들 양현주 선생님과 양현 선생님께도 감사드립니다. 꾸준히 학문의 나침반이 되어주시는 숙부님 이규수 선생님의 응원과 지지에도 마음 깊이 사의를 전합니다. 그리고 아들의 이 모든 소소한 행복을 하늘에서 지켜봐 주고 계실 아버지 故 이규태 선생님께 사랑으로 또 한 권의 책을 헌정합니다. 지상의 일은 염려 마시고 항상 평안하셔요!

# 주

1. 대한민국 정부, "2020 인구주택총조사 결과," https://www.census.go.kr/cds2020/surv/RealSurvRslt.do?q_menu=1&q_sub=11.
2. 농림축산식품부, "「2020년 동물보호에 대한 국민의식조사」 결과 발표," https://www.mafra.go.kr/bbs/mafra/68/248600/download.do.
3. 국가법령정보센터, "동물보호법," https://www.law.go.kr/LSW/lsInfoP.do?efYd=20210212&lsiSeq=214159#0000.
4. "대한수의사회 「2020 수의사 및 동물병원 현황」," 《데일리개원》, 2021. 01. 07. https://www.dailygaewon.com/news/articleView.html?idxno=11087.
5. Susan Nance, "Animal History: The Final Frontier?", *Organization of American Historians*, https://www.oah.org/tah/november-2/animal-history-the-final-frontier. 동물사에 대한 사학사적 논의에 관해서는 다음을 참고할 수 있습니다. 송충기, 「역사학에서 '동물로의 전환(Animal Turn)': 짐승의 사회문화사에서 포스트휴머니즘 역사로」, 《서양사론》, 139호, 2018.
6. 마고 드멜로 저, 천명선·조중헌 역, 『동물은 인간에게 무엇인가: 인간과 동물의

관계를 통찰하는 인간동물학 집대성』, 공존, 2018, 119~121쪽.

7. 2024년 1월 9일 대한민국 국회는 '개 식용 종식 특별법' 제정안을 통과시켰습니다. 「36년 논쟁 굿바이.. '개 식용 종식법' 국회 통과」, 《한겨레》, 2024년 1월 20일, https://www.hani.co.kr/arti/animalpeople/companion_animal/1123623.html.
8. Chris Pearson, *Dogopolis: How Dogs and Humans Made Modern New York, London, and Paris* (Chicago: University of Chicago Press, 2021), pp. 5-7.
9. 현재 공식 명칭은 '배터시 개와 고양이 보호소(Battersea Dogs & Cats Home)'입니다. 다음 웹사이트를 참조하십시오. https://www.battersea.org.uk.
10. "What a Wonderful Period of the World's History," *Times* (London), October 18, 1860.
11. "Home for Lost Dogs," *Harper's Weekly*, January 20, 1872.
12. Harold King, "A Home for Homeless Dogs," *Once a Week*, November 4, 1865.
13. William Kidd, "The Home for Lost Dogs," *Leisure Hour*, September 5, 1876, pp. 565-566.
14. 한편, 동아시아의 역사 속 광견병과의 조우에 관해서는 다음 논문이 참고하기 유용합니다. 황영원, 「사육의 정치: 근대 일본의 광견병 방역과 인간-개 관계의 재편」, 《의사학》, 31권 3호, 2022.
15. 세균설과 이 이론이 초래한 사회적 변화에 관한 내용은 다음 책을 참고할 수 있습니다. 윌리엄 바이넘 저, 박승만 역, 『서양의학사』, 교유서가, 2017, 5장과 6장.
16. Jessica Wang, *Mad Dogs and Other New Yorkers: Rabies, Medicine, and Society in an American Metropolis, 1840-1920* (Baltimore: Johns Hopkins University Press, 2019), pp. 159-192.
17. "The Dogs of London," *London Illustrated News*, January 2, 1886.
18. Chris Pearson, *Dogopolis: How Dogs and Humans Made Modern New York, London, and Paris* (Chicago: University of Chicago Press, 2021), p. 31.
19. 찰스 다윈과 사회다윈주의의 관계에 관해서는 다음을 참고할 수 있습니다. 염운옥, 『생명에도 계급이 있는가: 유전자 정치와 영국의 우생학』, 책세상, 2022, 1장.

20. 이 시기 영국 사회와 자선에 대해서는 김헌숙의 다음 논문들을 참고할 수 있습니다. 김헌숙, 「영국 자선의 형태와 성격, 1800-1870」, 《영국연구》, 12권, 2004; 김헌숙, 「빅토리아 시대 시민자선기구의 독특한 사례: 콜체스터 노동자 자조협회」, 《영국연구》, 21권, 2009.
21. "Another Mad Dog," *New-York Telescope*, August 21, 1830.
22. "Incidents Connected with the Great Dog War of 1848," *New York Herald*, July 29, 1848.
23. Chris Pearson, *Dogopolis: How Dogs and Humans Made Modern New York, London, and Paris* (Chicago: University of Chicago Press, 2021), p. 88. 프랑스의 이러한 개 '처형' 관행이 프랑스혁명 전후 일상화된 처형 문화와 관련이 있다는 견해도 있습니다. 프랑스의 스펙터클한 처벌의 역사와 문화에 관해서는 다음 책을 참고하십시오. Paul Friedland, *Seeing Justice Done: The Age of Spectacular Capital Punishment in France* (Oxford: Oxford University Press, 2012).
24. "An Hour at the Dog-Pound," *New York Daily Times,* August 5, 1856.
25. "Destroying the Dogs," *New York Times*, July 6, 1877; "The Dog Pound," *Harper's Weekley*, July 15, 1882.
26. "Les chiens de New-York," *Revue Britannique*, 6, 1873.
27. "Cruelty to Stray Dogs," *New York Times*, July 6, 1884.
28. Adrieene Neyrat, "À la fourrière," *L'Ami des bêtes*, September 1899.
29. 에디슨은 이러한 몇몇 전기 처형 실험을 심지어 직접 영화화하기도 했습니다. 이에 관해서는 다음 글을 참고하십시오. James Fiumara, "Electrocuting an Elephant at Coney Island: Attraction, Story, and the Curious Spectator," *Film History*, 28(1), 2016, pp. 43-70.
30. "Killing Dogs Scientifically," *New York Times*, December 25, 1888.
31. "Dreadful News for the Animals," *New York Times*, May 6, 1907.
32. "Too Many Dogs," *New York Times*, July 19, 1907; "Responsibility for Stray

Dogs," *New York Times*, July 21, 1907.

33. Harriet Ritvo, *The Animal Estate: The English and Other Creatures in the Victorian Age* (Cambridge, Mass.: Harvard University Press, 1987), pp. 83-84.
34. Judith Neville Lytton, *Toy Dogs and Their Ancestors, Including the History and Management of Toy Spaniels, Pekingese, Japanese and Pomeranians* (London: Duckworth, 1911), pp. 11-13, 40-58, 104-107.
35. Johannes Caius, *Of Englishe Dogges: The Diversities, the Names, the Natures, and the Properties*, trans. Abraham Fleming (London: A. Bradley, 1880).
36. 도그쇼에 대한 더 상세한 내용은 다음을 참고하십시오. Michael Worboys, Julie-Marie Strange, and Neil Pemberton, *The Invention of the Modern Dog: Breed and Blood in Victorian Britain* (Baltimore: Johns Hopkins University Press, 2018), pp. 90-114.
37. U. S. Bureau of the Census, *Abstract of the Fourteenth Census of the United States, 1920* (Washington, D. C.: Goverment Printing Office, 1923), p. 123.
38. Clay McShane and Joel A. Tarr, *The Horse in the City: Living Machines in the Nineteenth Century* (Baltimore: Johns Hopkins University Press, 2007), pp. 58-59.
39. George Rogers Taylor, "The Beginnings of Mass Transportation in Urban America: Part I," *Smithsonian Journal of History I* (1966), pp. 44-45.
40. W. Gilmore Sims, "The Philosophy of the Omnibus," *Godey's Lady's Book 13* (September 1841), p. 106.
41. 마비저의 역사에 관해서는 다음 논문을 참고할 수 있습니다. G. Terry Sharrer, "The Great Glanders Epizootic, 1861-1866: A Civil War Legacy," *Agricultural History*, 69(1), 1995, pp. 79-97.
42. Joseph Warren Greene Jr., "New York City's First Railroad, the New York & Harlem, 1832 to 1867," *New York Historical Society Quarterly Bulletin 9* (January 1926), p. 110.

43. Clay McShane and Joel A. Tarr, *The Horse in the City: Living Machines in the Nineteenth Century* (Baltimore: Johns Hopkins University Press, 2007), pp. 64-65.
44. "The Public and the Street Cars," *New York Times*, January 23, 1874.
45. "The Horse in the Cities," *New York Times*, July 24, 1881.
46. 20세기 한국의 맥락에서 이러한 모빌리티 테크놀로지가 도입된 경위에 관해서는 다음 책을 참고할 수 있습니다. 최형섭, 『그것의 존재를 알아차리는 순간: 일상을 만든 테크놀로지』, 이음, 2021. 그중에서도 「터널」, 「지하철」, 「모델T와 대량생산 시대」, 「전기자동차의 역사」 챕터를 보십시오.
47. "Report of the Committee on City Milk," in *The Transactions of the New York Academy of Medicine*, vol. 2 (New York: Balliere Brothers, 1863), pp. 131-132.
48. Richard Meckel, *Save the Babies: America's Public Health Reform and the Prevention of Infant Mortality, 1850-1929* (Baltimore: Johns Hopkins University Press, 1990), pp. 18, 29.
49. Russell Thacher Trall, "Introduction," *in The Milk Trade in New York and Vicinity* (New York: Fowlers and Wells, 1853).
50. Andrew A. Robichaud, *Animal City: The Domestication of America* (Cambridge, Mass: Harvard University Press, 2019), pp. 15-17.
51. Valerius, "Mysteries of Metropolitan Milk," *New York Observer and Chronicle*, January 24, 1846.
52. Norman Shaftel, "A History of the Purification of Milk in New York," in *Sickness and Health in America*, eds., Judith Walzer Leavitt and Ronald L. Numbers (Madision: University of Wisconsin Press, 1978), pp. 275-291.
53. Sylvester Graham, *Lectures on the Science of Human Life* (London: Horsell, Aldine Chambers, 1849), pp. 225-226.
54. Robert M. Hartley, *An Historic, Scientific and Practical Essay on Milk as an Article of Human Sustenance with a Consideration of the Effects Consequent*

*upon the Present Unnatural Methods of Producing it for the Supply of the Largest Cities* (New York: Jonathan Leavitt, 1842), p. 238.

55. 20세기 한반도의 맥락에서 유업의 생산자를 살펴본 연구로는 다음을 참고할 수 있습니다. 이규진, 「일제 강점기(1910~1945) 조선의 우유 생산과 보급」, 《한국식생활문화학회지》, 31권 5호, 2016; 이은희, 「해방 이후 구호분유의 쇄도와 육아용 분유로의 전용(1945~1965)」, 《학림》, 47권, 2021; 이은희, 「박정희 시대 낙농진흥정책과 낙농업의 발달」, 《동방학지》, 183호, 2018; 김성화, 「1950-70년대 한국에서의 초지조성과 낙농가의 성장」, 《한국과학사학회지》, 43권 1호, 2021.
56. 한국 현대사 속 쥐잡기 운동에 관해서는 다음 논문을 참고할 수 있습니다. 김근배, 「생태적 약자에 드리운 인간권력의 자취: 박정희 시대의 쥐잡기운동」, 《사회와 역사》, 87호, 2010.
57. William McNeill, *Plagues and Peoples* (New York: Anchor Books, 1998 [1976]), pp. 161-207. 한편, 몽골이 흑사병을 서유럽에 전파시켰다는 인식에 대한 비판으로는 다음 논문을 참고할 수 있습니다. 남종국, 「흑사병의 서유럽 전파에 관한 오해와 왜곡: 무시스의 기록을 중심으로」, 《의사학》, 30권 3호, 2021.
58. Katharine R. Dean, Fabienne Krauer, Lars Walløe, et. al., "Human Ectoparasites and the Spread of Plague in Europe during the Second Pandemic," *Proceedings of the National Academy of Sciences*, 115(6), 2018, pp. 1304-1309.
59. Dawn Day Biehler, *Pests in the City: Flies, Bedbugs, Cockroaches, and Rats* (Seattle: University of Washington Press, 2013), pp. 113-115.
60. Guenter B. Risse, "San Francisco and Bubonic Plague, 1907-1908," *Bulletin of the History of Medicine*, 66, 1992, pp. 260-286. 또한 샌프란시스코의 감염병과 화교 공동체의 관계를 의학사 및 인종주의의 역사의 각도에서 분석한 다음 책을 참고할 수 있습니다. Nyan Shah, *Contagious Divides: Epidemics and Race in San Francisco's Chinatown* (Berkeley: University of California Press, 1999).
61. U.S. Public Health Service, *No Good on Earth: A Study of the Rat* (Baltimore: Stark Films, 1932).

62. Woman's City Club of Chicago, "Rats and a Clean City," *Bulletin*, March 1934; C. Miles, "South Side Housing Shortage," *Chicago Tribune*, June 23, 1940.

63. Dawn Day Biehler, *Pests in the City: Flies, Bedbugs, Cockroaches, and Rats* (Seattle: University of Washington Press, 2013), pp. 119-123.

64. "Rats Have a Picnic," *Chicago Defender*, June 22, 1940.

65. 그레이트 게임에 관해서는 다음 책을 참고할 수 있습니다. 피터 홉커크 저, 정영목 역, 『그레이트 게임: 중앙아시아를 둘러싼 숨겨진 전쟁』, 사계절, 2008.

66. James L. Hevia, *Animal Labor and Colonial Warfare* (Chicago: University of Chicago Press, 2018), pp. 28-31.

67. 앞의 책, p. 33.

68. 앞의 책, pp. 34-45.

69. 통계학자로서의 나이팅게일에 관해서는 다음 논문을 참고할 수 있습니다. Lynn McDonald, "Florence Nightingale, Statistics and the Crimean War," *Journal of the Royal Statistical Society. Series A (Statistics in Society)*, 177(3), 2014, pp. 569-586.

70. 일본 근현대사 속에서 우에노 동물원이 차지하는 위상과 역할에 관한 연구서로는 다음 책을 참고할 수 있습니다. Ian Jared Miller, *The Nature of the Beasts: Empire and Exhibition at the Tokyo Imperial Zoo* (Berkeley: University of California Press, 2013).

71. 서구 제국주의와 동식물 및 광물의 전 지구적 이동에 관해서는 다음 책들을 참고하십시오. Alfred W. Crosby, *The Columbian Exchange: Biological and Cultural Consequences of 1492* (Westport: Greenwood, 1972); Richard Grove, *Green Imperialism: Colonial Expansion, Tropical Island Edens, and the Origins of Environmentalism, 1600-1860* (Cambridge: Cambridge University Press, 1995); Londa Schiebinger, *Plants and Empire: Colonial Bioprospecting in the Atlantic World* (Cambridge, Mass: Harvard University Press, 2004); Harold J. Cook, *Matters of Exchange: Commerce, Medicine, and Science in the Dutch*

*Golden Age* (New Haven: Yale University Press, 2007).

72. Nigel Rothfels, *Savages and Beasts: The Birth of the Modern Zoo* (Baltimore: Johns Hopkins University Press, 2002), pp. 59-70.
73. 칼 하겐베크의 일대기에 관한 상세한 정보는 다음 책에서 찾아볼 수 있습니다. Eric Ames, *Carl Hagenbeck's Empire of Entertainments* (Seattle: University of Washington Press, 2008).
74. 아편전쟁과 그 이후의 중국 근현대사를 다룬 개설서로는 다음 책을 참고할 수 있습니다. 중국근현대사학회, 『중국 근현대사 강의』, 한울아카데미, 2021.
75. 회심공해에 관한 더 상세한 연구로는 다음 논문들을 참고할 수 있습니다. 이화승, 「19세기 상해 회심공해의 탄생과 중서 상업분쟁」, 《중국사연구》, 44호, 2006; 김승래, 「1920-30년대 상해 공공조계 행정 체계의 변화」, 《중국근현대사연구》, 95호, 2022.
76. 더 상세한 논의는 다음 논문을 참고할 수 있습니다. Joanna F. Handlin Smith, "Liberating Animals in Ming-Qing China: Buddhist Inspiration and Elite Imagination," *Journal of Asian Studies*, 58(1), 1999, pp. 51-84.
77. 葛元煦, 『滬遊雜記』, 上海: 上海古籍出版社, 1989.
78. 더 상세한 분석은 다음 논문을 참고하십시오. Tongdong Bai, "The Price of Serving Meat: On Confucius's and Mencius's Views of Human and Animal Rights," *Asian Philosophy*, 19(1), 2009, pp. 85-99.
79. Mark Swislocki, "Imagining Irreconcilability: Cultural Differentiation through Human-Animal Relations in Late Qing Shanghai," *Positions*, 20(4), 2012, pp. 1168-1173.
80. Charles E. Darwent, *Shanghai: A Handbook for Travelers and Residents to the Chief Objects of Interest in and around the Foreign Settlements and Native City* (Shanghai: Kelly and Walsh, 1904).
81. Mark Swislocki, "Imagining Irreconcilability: Cultural Differentiation through Human-Animal Relations in Late Qing Shanghai," *Positions*, 20(4), 2012, pp.

1182-1183.

82. 미국의 대외 팽창사에 관해서는 다음 책을 참고할 수 있습니다. 브루스 커밍스 저, 김동노·박진빈·임종명 역, 『미국 패권의 역사: 바다에서 바다로』, 서해문집, 2011; 대니얼 임머바르 저, 김현정 역, 『미국, 제국의 연대기: 전쟁, 전략, 은밀한 확장에 대하여』, 글항아리, 2020. 필리핀 근현대사를 비롯한 동남아시아사 전반에 관한 개괄서로는 다음 책을 추천합니다. 소병국 저, 『동남아시아사: 창의적인 수용과 융합의 2천년사』, 책과함께, 2020.

83. Taft to E. B. McCagg, April 16, 1900, in Peter W. Stanley, *A Nation in the Making: The Philippines and the United States, 1899-1921* (Cambridge, Mass.: Harvard University Press, 1974), p. 64.

84. 유사한 논리로 과학 혹은 과학적 사유 능력과 창의력의 유무, 위생 혹은 위생적인 생활 습관의 유무 같은 기준도 빈번하게 식민주의를 뒷받침한 역사가 있습니다. 미국의 사례를 중심으로 각각 다음 책들을 참고할 수 있습니다. Michael Adas, *Dominance by Design: Technological Imperatives and America's Civilizing Mission* (Cambridge, Mass.: Belknap Press of Harvard University Press, 2006); Warwick Anderson, *Colonial Pathologies: American Tropical Medicine, Race, and Hygiene in the Philippines* (Durham: Duke University Press, 2006).

85. Janet M. Davis, *The Gospel of Kindness: Animal Welfare and the Making of Modern America* (Oxford: Oxford University Press, 2016), p. 121.

86. W. M. Morrill, "Dog Trafficking with the Igorrotes," *Our Dumb Animals*, August 1920.

87. Angel J. Lansang, *Cockfighting in the Philippines: Our Genuine National Sport* (Baguio City: Catholic School Press, 1966), p. 20.

88. 『놀리 메 탕헤레』는 우리말로도 번역되어 있습니다. 호세 리살 저, 김동엽 역, 『나를 만지지 마라』, 1·2권, 눌민, 2015. 투계장에 대한 부분은 2권의 139~153쪽을 참고.

89. Janet M. Davis, *The Gospel of Kindness: Animal Welfare and the Making of*

*Modern America* (Oxford: Oxford University Press, 2016), p. 131.

90. Dean C. Worcester, *The Philippines Past and Present* (New York: Macmillan, 1930 [1914]), pp. 408-409.

91. 이와 관련해 다음 책을 추천하고 싶습니다. 전북대학교 수의과대학 야생동물의학실 엮음, 『야생동물병원24시』, 책공장더불어, 2013.

92. 문선희, 『묻다: 전염병에 의한 동물 살처분 매몰지에 대한 기록』, 책공장더불어, 2019.

93. 이와 관련해 다음 책의 일독을 권합니다. 오석헌, 『우리 곁의 동물은 행복할까: 구하고 치료하고 보내는 수의사의 일』, 현암사, 2021.

94. 이러한 고민들은 이른바 동물 연구(animal studies) 또는 인간-동물 관계 연구(human-animal relations)라는 신생 학문 분과의 두드러지는 문제의식이라고 생각됩니다. 이와 관련해 다음 책들을 참고할 수 있습니다. 마고 드멜로 저, 천명선·조중헌 역, 『동물은 인간에게 무엇인가: 인간과 동물의 관계를 통찰하는 인간동물학 집대성』, 공존, 2018; 인간-동물 연구 네트워크 엮음, 『관계와 경계: 코로나 시대의 인간과 동물』, 포도밭출판사, 2021; 인간-동물 연구 네트워크 엮음, 『동물의 품안에서: 인간-동물 관계 연구』, 포도밭출판사, 2022; Sophie Chao, Karin Bolender, and Eben Kirksey, eds., *The Promise of Multispecies Justice* (Durham: Duke University Press, 2022).

# 참고 문헌

## 1부 도시의 강아지들

Arnold Arluke, *Underdogs: Pets, People, and Poverty* (Athens: The University of Georgia Press, 2020).

Chris Pearson, *Dogopolis: How Dogs and Humans Made Modern New York, London, and Paris* (Chicago: University of Chicago Press, 2021).

Clemens Wischermann, Aline Steinbrecher and Philip Howell eds., *Animal History in the Modern City: Exploring Liminality* (London: Bloomsbury Academic, 2019).

Harriet Ritvo, *The Animal Estate: The English and Other Creatures in the Victorian Age* (Cambridge, Mass.: Harvard University Press, 1987).

Jessica Wang, *Mad Dogs and Other New Yorkers: Rabies, Medicine, and Society in an American Metropolis, 1840-1920* (Baltimore: Johns Hopkins University Press, 2019).

Karen Brown, *Mad Dogs and Meerkats: A History of Resurgent Rabies in Southern*

*Africa* (Athens: Ohio University Press, 2011).

Michael Worboys, Julie-Marie Strange, and Neil Pemberton, *The Invention of the Modern Dog: Breed and Blood in Victorian Britain* (Baltimore: Johns Hopkins University Press, 2018).

마고 드멜로 저, 천명선·조중헌 공역, 『동물은 인간에게 무엇인가: 인간과 동물의 관계를 통찰하는 인간동물학 집대성』, 공존, 2018.

## 2부 감춰진 동물들

Andrew A. Robichaud, *Animal City: The Domestication of America* (Cambridge, Mass: Harvard University Press, 2019).

Clay McShane and Joel A. Tarr, *The Horse in the City: Living Machines in the Nineteenth Century* (Baltimore: Johns Hopkins University Press, 2007).

David E. Davis, "The Scarcity of Rats and the Black Death: An Ecological History," *The Journal of Interdisciplinary History*, Vol. 16, No. 3 (Winter 1986): pp. 455-470.

Dawn Day Biehler, *Pests in the City: Flies, Bedbugs, Cockroaches, and Rats* (Seattle: University of Washington Press, 2013).

멜라니 조이 저, 노순옥 역, 『우리는 왜 개는 사랑하고 돼지는 먹고 소는 신을까』, 모멘토, 2021.

최형섭, 『그것의 존재를 알아차리는 순간: 일상을 만든 테크놀로지』, 이음, 2021.

## 3부 제국의 동물들

Ian J. Miller, *The Nature of the Beasts: Empire and Exhibition at the Tokyo Impreial Zoo* (Berkeley: University of California Press, 2013).

James L. Hevia, *Animal Labor and Colonial Warfare* (Chicago: University of Chicago Press, 2018).

Janet M. Davis, *The Gospel of Kindness: Animal Welfare and the Making of Modern America* (Oxford: Oxford University Press, 2016).

Mark Swislocki, "Imagining Irreconcilability: Cultural Differentiation through Human-Animal Relations in Late Qing Shanghai," *Positions*, Vol. 20, No. 4 (Fall 2012): pp. 1159-1189.

Tongdong Bai, "The Price of Serving Meat: On Confucius's and Mencius's Views of Human and Animal Rights," *Asian Philosophy*, Vol. 19, No. 1 (2009): pp. 85-99.

니겔 로스펠스 저, 이한중 역, 『동물원의 탄생』, 지호, 2003.

대니얼 임머바르 저, 김현정 역, 『미국, 제국의 연대기: 전쟁, 전략, 은밀한 확장에 대하여』, 글항아리, 2020.

호세 리살 저, 김동엽 역, 『나를 만지지 마라』 1·2권, 눌민, 2015.

# 벌거벗은 동물사

## 동물을 사랑하고 혐오하는 현대인의 탄생




| | |
|---|---|
| **초판 1쇄 찍은날** | 2024년 6월 7일 |
| **초판 1쇄 펴낸날** | 2024년 6월 21일 |
| **지은이** | 이종식 |
| **펴낸이** | 한성봉 |
| **편집** | 최창문·이종석·오시경·권지연·이동현·김선형·전유경 |
| **콘텐츠제작** | 안상준 |
| **디자인** | 최세정 |
| **마케팅** | 박신용·오주형·박민지·이예지 |
| **경영지원** | 국지연·송인경 |
| **펴낸곳** | 도서출판 동아시아 |
| **등록** | 1998년 3월 5일 제1998-000243호 |
| **주소** | 서울시 중구 필동로8길 73 [예장동 1-42] 동아시아빌딩 |
| **페이스북** | www.facebook.com/dongasiabooks |
| **전자우편** | dongasiabook@naver.com |
| **블로그** | blog.naver.com/dongasiabook |
| **인스타그램** | www.instargram.com/dongasiabook |
| **전화** | 02) 757-9724, 5 |
| **팩스** | 02) 757-9726 |

ISBN 978-89-6262-301-7 03300

※ 잘못된 책은 구입하신 서점에서 바꿔드립니다.

**만든 사람들**

| | |
|---|---|
| **책임편집** | 박일귀·이종석 |
| **디자인** | pado |
| **크로스교열** | 안상준 |